CONTENTS

1章 庭づくりの一歩は ガーデニングプランから

わが家はどれ？ 10のスペース
自分の庭はどんな庭？ —— 6

01 ゴミ置き場になりがちな **家の裏側** —— 8
02 暗くてジメジメ、近寄りたくない家の横の **狭い通路** —— 9
03 広いスペースを有効に **駐車スペース** —— 10
04 家の顔をとびきり美しく **玄関アプローチ** —— 11
05 道行く人との会話もはずむ **道につながる植栽スペース** —— 12
06 工夫が楽しい、管理もしやすい **小さな植栽スペース** —— 13
07 暮らしに合わせてつくりたい **メインの庭** —— 14
08 自由な発想で遊べる **塀＆フェンス** —— 15
09 あきらめない！ **日陰・半日陰** —— 16
10 土がなくても緑あふれる **テラス＆屋上** —— 17

テイストを決めて植物を選ぶ
つくりたい庭はどんな庭？ —— 18

01 木漏れ日のある **雑木の庭** —— 20
02 四季折々の **花が咲く庭** —— 22
03 家と庭をつなぐ **テラスを植物で豊かに** —— 24
04 雑木にも花にも合う **芝生の庭** —— 26
05 ちょっぴり残したい **和の風情** —— 28

2章 1坪でもあきらめない 小さな庭の緑化アイデア

風（ふわり）・楠さんに聞く
はじめて庭をつくる人へ 5つのアドバイス —— 30

COLUMN ふわり流 楽しみたいことからつくりたい庭をイメージする ポイント6 —— 31

CASE 1 ホンモノの雑木の小道をアプローチに —— 32
CASE 2 玄関前の1坪スペースのフロントガーデン —— 35
CASE 3 1坪×3カ所スペースに植栽する —— 36
CASE 4 テラスを壊して、緑のアプローチに —— 38
CASE 5 玄関前のアプローチを石のベンチと緑で表情豊かに —— 40
CASE 6 市の緑化助成金で緑の駐車スペースに —— 42
CASE 7 建売のコニファー＆芝生スペースを希望の雑木風の庭に —— 44
CASE 8 高低差と道をつくって武蔵野の面影を再現 —— 46
CASE 9 広い和の庭の一部を雑木風の空間に —— 48
CASE 10 国道の喧噪を和らげ家族のくつろぎ空間に —— 49
COLUMN 初心者に便利！ 野草や樹木のマット —— 50

3章 こんな庭をめざしたい 実例から学ぶ理想の庭づくり

あきらめていた悪条件を生かした庭
1 狭い通路 —— 52
2 家の裏側 —— 53
3 日陰・半日陰 —— 53
伊藤さんの楽しい演出 —— 54
小さなスペース・日陰や半日陰に向く植物 —— 56

土がなくても庭になる！
1 屋上 —— 58
2 テラス —— 59
3 マンションの庭 —— 62
テラスやデッキの楽しみ方いろいろ —— 61

メインの庭は真っ白なキャンバス
1 草花中心の庭 —— 64
2 雑木中心の庭 —— 67
3 ローメンテナンスの庭 —— 69
4 芝生のある庭 —— 70
花の庭 アイデアいろいろ —— 66
美しい芝生の庭からヒントを得る —— 71

家族やお客を迎える大切な場所
1 アプローチ —— 72
2 フロントガーデン —— 74

入り口はわくわく、ドキドキ —— 76

小さな植栽スペースはアイデア次第
1 塀・フェンス —— 78
2 道につながる植栽スペース —— 80
小さなスペース、みーつけた！ —— 82

4章 場所別 デザインテクニック

01 小道をつくろう
木を使って —— 84　レンガを使って —— 86　いろいろな小道 —— 88
実践編 小道をつくってみよう —— 89

02 花壇をつくろう
ゆったりとした花壇 —— 90　庭の条件に合わせて —— 91
囲む素材や形で表情を出す —— 92
実践編 花壇をつくってみよう —— 93

03 植栽スペースをつくろう
レイズドベッドをつくる —— 94
実践編 レイズドベッドをつくってみよう —— 95

04 構造物の生かし方
塀や壁の下 —— 96　木の下、縁の下 —— 97
パーゴラ&ガゼボで奥行きを出す —— 98
参考にしてみよう —— 100　ガーデングッズの収納小屋 —— 101

5章 庭づくりの基礎と植物の手入れ法

05 植物の見せ方を工夫する
コーナーをつくる —— 102
奥が深い鉢の世界
鉢のアイデア —— 104
コーナーをつくる —— 105
COLUMN 芝の張り方 —— 106

庭づくりの基礎
ガーデニングツール① 植物の手入れツール —— 108
ガーデニングツール② 庭づくりツール —— 110
植物がよく育つ土づくり —— 112
肥料を施す —— 114

植物の手入れ法
植物の種類 —— 115
一年草 —— 116
宿根草・多年草 —— 117
球根草花 —— 118
樹木 —— 119
ガーデニングカレンダー —— 120
植物のふやし方 —— 124
病害虫のサイン —— 125
病害虫対策 —— 126
COLUMN 西尾流 「雑草」 の生かし方 —— 127

別冊 寄せ植え&ハンギングBOOK
庭に映える寄せ植え&ハンギング

寄せ植えをつくる
01 ニュアンスのある草花で —— 4
02 ハーブを使って —— 6
03 野菜を使って —— 8
04 山野草を使って —— 10
05 球根植物を使って —— 12
06 多肉植物を使って —— 14

寄せ植えテクニック
01 環境の好みが同じものを —— 16
02 デザインをイメージして —— 17
03 カラーコーディネートを考えて —— 18
04 カラーリーフを使って —— 19
05 日々の手入れ —— 20
06 鉢のリニューアル プチリニューアル —— 21 フルリニューアル —— 22
COLUMN 鉢で印象が変わります —— 23

ハンギングバスケットをつくる
01 スリットバスケットに植える —— 24
02 壁掛けバスケットに植える —— 26

ハンギングテクニック
01 ハンギングの鉢と苗 —— 28
02 苗の配置のし方 —— 29
03 ハンギングにおすすめの植物 —— 30
04 鉢の飾り方 —— 31
COLUMN 2 使えるものはリサイクルしましょう —— 32

CHAPTER 1

1章

庭づくりの一歩は
ガーデニングプランから

庭づくり。いったいどこから
どう考えたらよいかわからない……。
はじめての庭づくりにはつきものの悩みです。
まずは、わが家の庭の環境や性質をよく見極めて
それに合った庭をイメージしてみましょう。

SPACE **02** 狭い通路 → P.09

SPACE **01** 家の裏側 → P.08

わが家はどれ？
10のスペース

自分の庭はどんな庭？

自分の家の敷地の中で、どこを庭にすることができるか調べてみましょう。「こんなところなんてとても……」という場所でも意外に、庭に適したスペースになるものです。

05 *Planting space facing the road*
10 *Terrace & Roof*
07 *Main garden*
02 *Narrow aisle*
01 *Back side of the house*

SPACE **04** 玄関アプローチ → P.11

SPACE **03** 駐車スペース → P.10

CHAPTER 1. 6

SPACE 06 小さな植栽スペース → P.13

SPACE 07 メインの庭 → P.14

SPACE 08 塀＆フェンス → P.15

SPACE 10 テラス・屋上 → P.17

SPACE 05 道につながる植栽スペース → P.12

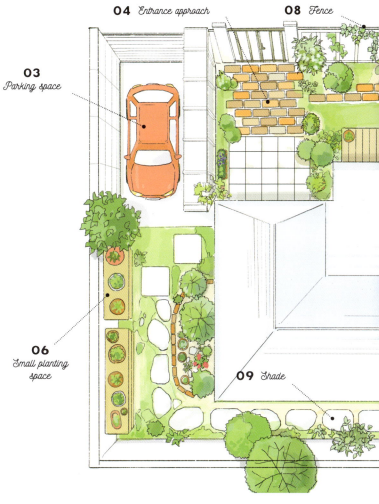

04 *Entrance approach*
08 *Fence*
03 *Parking space*
06 *Small planting space*
09 *Shade*

SPACE 09 日陰・半日陰 → P.16

人目を気にせず落ち着ける空間に

隣家が迫った家の裏側。目隠しとしての塀をつくらざるを得ず、暗い空間になりやすいところです。少しでも明るい空間にするには、塀に明るい色を使うのも手。塀や家の壁、窓枠、アーチなどにつる性の植物を這わせることもできます。空間の上部を使うことで、葉や花もより光を受けやすくなります。人目につきにくいということは、落ち着ける空間でもあります。人目を気にせずに落ち着ける空間を、不快感を与える雑草を抑え、お気に入りの雑貨を飾り、隠れ家的空間をつくってみてもよいでしょう。メインガーデンを確保できなくても、アイデア次第では、メインガーデンに匹敵する癒し空間が生まれそうです。

SPACE 01

ゴミ置き場になりがちな
家の裏側

人目につかない場所にはついつい不要品を置きがち。そうこうするうちに近づきたくない空間に。こんな場所でも、すてきな庭につくりあげることが可能です。

🏠 伊藤邸

奥行きは1m40cmほど。カウンターテーブルとベンチでくつろぎスペースをつくりました。

\ つるバラの葉が木漏れ日をつくる /

🏠 高橋邸

両手を広げて通れるかどうかのスペースに、バラのアーチとレンガの小道を。

CHAPTER 1.　8

SPACE 02

暗くてジメジメ、近寄りたくない家の横の 狭い通路

人が1人やっと通れるだけの狭い通路。日も入りにくく、湿り気の多いところです。マイナス条件を逆手にとって、この環境を好む植物をうまく使いましょう。

🏠 飯田邸

建物の際に植えたサワフタギが小道に緑のドームをつくります。株元には日陰を好む下草を。

🏠 伊藤邸

白いアーチと花台に置いた鮮やかな色の花で立体感を。ゆるやかなカーブの小道で奥行きも。

\ 土を隠す！/

通路にはレンガを敷き、建物の際には日陰にも強く、明るい白花のオルラヤで土を隠します。

場所によって日の入り方も異なる

塀と建物の間の通路も一般に庭としては考えにくい場所の一つです。そのままにしておけば雑草は伸び放題。しかし、草取り作業もしたくない場所です。ここも庭の一部にしてしまえば、そんな悩みからも解放されるでしょう。一見、暗い場所のようですが、時間帯によっては日が入り込んでくるところもあるでしょうし、通路の入り口側と奥では明るさも違います。日の入り方をよく観察して、場所に合った植物を見つけていきましょう。意外なようですが、樹木も植えられます。通行を妨げないよう、葉を頭上で茂らせれば、すっと伸びるしなやかな幹が視界に入り、空間を広々と見せてくれます。

\ ガレージを工夫して /

1 パーゴラ
2 トレリス

SPACE 03 | 広いスペースを有効に
駐車スペース

敷地の中でも、駐車場はまとまった広さを持つのに、殺風景になりやすいところです。全部をコンクリートで覆わず、土の部分を残しておけるとよいでしょう。そうできなかった場合も、緑を入れる方法があります。

A邸

敷石のすき間の幅に変化をつけ、緑に表情をつけました。

1 パーゴラを設置し、つる性のバラを這わせています。白い柱と緑でさわやかな印象に。
2 壁沿いにトレリスを設置し、鉢に植えたバラを誘引中。雰囲気ある小物も配置。
3 駐車スペースと家の間には低木も。車にかからないよう、こまめに剪定をしています。

緑のスペースを確保できる貴重な場所

車1台分で約20㎡が必要だと言われています。限りある敷地なら、初めから駐車場も庭の一部と考えておくほうがよさそうです。可能であれば、家の建築段階から駐車場の緑化も計画に入れておき、少しでも多く植栽できる土の部分を残しておくとよいでしょう。車輪が通る部分に石や枕木などを敷き、そのほかの部分にはセダムなど、繁殖力が強く、あまり丈の伸びない植物をグラウンドカバーに。車を置いている時間や出し入れの頻度によって、周囲の環境も変わりますが、土の部分がなくても、周囲をフェンスで囲んでつる性の植物を這わせても。トレリスなどを設置してハンギングも楽しめます。

CHAPTER 1. 10

🏠 東川邸
小さなスペースながら、シンボルツリーと下草の配置が絶妙です。

🏠 島村邸
レンガでつくったレイズドベッドに草花を。こぼれ種で育った草花も調和しています。

SPACE 04　家の顔をとびきり美しく
玄関アプローチ

お客様の目に最初に飛び込んでくる場所だけに、
すっきりと、かつ美しいスペースにしたいものです。
地植えをする場所がなければ、コンテナや鉢の力も借りて。

移動しやすいコンテナなども効果的に使って

玄関に入る部分にはフロントガーデンを。ほんの小さなスペースがあれば、シンボルツリーが植えられます。家の外壁をバックに樹形が映える木を選びましょう。足元は手入れの楽な宿根草やカラーリーフ、グラス類にとどめ、華やかさをプラスする花ものは、コンテナや鉢を使うというのもよいでしょう。ふだんは庭の奥で育て、花が見頃を迎えたとき、この場所に移動させます。つねに季節の花がお客様をお迎えすることになります。地植えのスペースがなければ、レイズドベッド（P.94参照）をつくったり、コンテナや大きめの鉢に植えた寄せ植えを置いたりしてみましょう。高さを意識した配置を心がけます。

＼ 緑のトンネルに ／

わずかなスペースに植えた樹木が頭上で葉を茂らせ、玄関まで緑のトンネルになりました。

🏠 飯田邸

SPACE 05

道行く人との会話もはずむ
道につながる植栽スペース

限られた敷地を有効に使うには、高い塀で囲まない選択も。道に開けた植栽スペースで手入れをしていれば、通りがかる人との会話も楽しめます。

西尾邸

皆が見守る庭は防犯上も有利

最近は、家をあえて高い塀で囲わないケースが増えています。防犯上、不審者が入りにくいからです。高い塀の代わりに外へ向けた植栽スペースをつくるとさらに防犯にも有効。四季を彩るスペースに通行人の関心が集まり、知らずに「見守り効果」も発揮します。道行く人の視線が集まるならなおさら、ここは見せどころ。道路と敷地の境界には、よく見ると植栽スペースがたくさんあります。塀を低くつくると、家側からも道路側からも植栽の背景となり、両側の緑が重なって、奥行きも出ます。ただ、こうした場所は土の状態がよくないこともあるので、よく耕してから植物を植えるとよいでしょう。

1 通りがかる植物好きの人とのコミュニケーションツールに。植物を譲ったり譲られたり。
2 外構工事の段階から計画されていた「植え枡」。樹木も立派に育ち、この家の顔に。
3 小学生の通学路沿いにある庭。子どもたちは四季の移り変わりに関心を寄せています。

Y邸

TM邸

SPACE 06

工夫が楽しい、管理もしやすい
小さな植栽スペース

花壇というほどでもないほんの小さな植栽スペース。庭仕事ビギナーなら手始めにちょうどよいサイズです。管理のし方、飾り方を練習していきましょう。

枕木で囲って小さな花壇のように。小さな花たちがこぼれるように咲くのを楽しみます。

敷石のすき間を利用して。台にのせたアンティークのホウロウボウルがポイントに。

塀の内側のわずかなスペースには日陰にも強い宿根草を。葉の色や形が楽しめます。

庭づくり初心者に最適のスペース

庭をつくり始める前に、家のまわりをよく見まわしてみましょう。こんなところにも、あんなところにも小さなデッドスペースが存在しています。日当たりが悪そうなところなら、強い日ざしを好まない植物を植えましょう。高さに限りがあるところなら、草丈が高くならない植物を植えましょう。横に伸びる植物、少ない緑はかえって人目につきやすいので、いつもきれいにという緊張感も保てます。そうはいっても、十分に目が届く範囲だからこそ、管理や手入れの試行錯誤も可能です。慣れてくると、植えてみたい植物も増え、あちこちにこんなスペースをつくりたくなってきます。

1 縁の下も絶好ポイント。庭の緑と建物をうまくつなぐ働きをします。
2 株立ちの根元に緑のじゅうたん。小花が表情をプラスしています。
3 葉の形や色が異なる下草を一つの塊に。これだけで立派なフォーカルポイント（視線が集まる見せ場）です。

SPACE 07

暮らしに合わせてつくりたい
メインの庭

メインガーデンはつくり手の個性が発揮できる場所です。
もっとも広い場所が確保できるところですから、
時間と労力をかけ、庭の成長も楽しみたいものです。

1 雑木と花の小道　木村邸
2 雑木と芝生　F邸
3 雑草の生えない庭　高橋邸
4 花と芝生　島村邸

どんな庭にもフォーカルポイントを

庭というと思い浮かべるのが、ほとんどの場合、メインガーデンでしょう。あれもしたい、これもしたいと欲張りたくなりますが、まとまりのないものになってしまいます。

最初はテーマを絞ってつくり始めるほうがよいでしょう。庭をどんなふうに楽しみたいか、家族の希望をリストアップして絞り込んでいきます。スペースが広いだけに、どんな庭でも、フォーカルポイントが必要になります。庭に違和感なくとけ込み、それでいて存在感のあるものを。初めのうちはパーゴラ（P.10、P.98参照）やアーチなどの構造物や、雰囲気のあるテーブルやベンチなどを中心に考えると庭がつくりやすくなります。

1 雑木林を散歩するかのような気分を味わえる庭です。木の下を吹く風が心地よい！
2 樹木がつくる木漏れ日を芝生の上で楽しめます。敷石がポイントに。
3 いろいろな植物を植え、手入れの手間がかかる分、雑草を抑えた庭づくりを。
4 明るい芝生で花を楽しむ庭。芝生のまわりに木を植えて、くつろげるスペースに。

CHAPTER 1. 14

1 塀と軒先にバラを這わせたことで、家全体が緑に包まれました。
2 グレイッシュな塀と建物にマッチしたクレマチスが花盛りを迎えています。

SPACE
08

自由な発想で遊べる
塀&フェンス

庭になる部分が少ないときは、
塀やフェンスを使って立体的に植物を
楽しみましょう。塀やフェンスを彩る
つる性の植物も豊富になりました。

かけられる手間によって品種選びを

塀やフェンスは表面積を広くとれるキャンバスです。わずかな地面やコンテナ・鉢に植えたつる性の植物が広いスペースにぐんぐん伸びていきます。花が美しいバラやクレマチスのほか、ムベなど実のなるものも楽しめます。つる性植物は誘引の手間がかかりますが、それを避けたい場合は、一年性の植物を使うとよいでしょう。つる性バラの中には、誘引に手間がかからない品種もあるので、自分がかけられる労力も考慮して選ぶのがおすすめ。下から伸ばしたり、上から垂れ下げたり、スペースを有効に使ってください。塀やフェンスの内側に背景となる植物を植えて、奥行きを出しても。

花の絶好の見せ場

3 塀にも変化をつけることで1種類の植物でも、変化に富んだ光景になります。
4 塀の内側の樹木の葉が茂り、塀に這わせたバラのよき背景となっています。

SPACE 09

あきらめない！
日陰・半日陰

「シェードガーデン」と呼ばれる日陰・半日陰の庭は、しっとりと落ち着いた雰囲気。日なたとは違った癒しがあります。

🏠 S邸

上　南向きの庭でも隣家が迫るところでは日陰・半日陰に。明るい色の花や葉を使います。
下　背の高い落葉樹は塀の上で葉を茂らせ、瑞々しい緑色を見せてくれます。

🏠 飯田邸

日陰・半日陰を好む植物の楽園を

庭づくりの際、敬遠されがちなのが日陰のスペース。以前は日陰に強い植物というと、アオキ・ヤツデなどがジメジメと暗い光景とともに思い浮かびました。今は、「日陰や半日陰でも育つ」というよりもむしろ、「日陰や半日陰が大好き」という魅力的な植物がたくさんあります。美しい斑入りの葉も、強い光に当たると葉焼けしてしまいます。乾燥や強い光が苦手な植物たちの楽園をつくってみましょう。日陰・半日陰といっても、午前だけまたは午後だけ光が入る、弱い光がずっと入る、同じスペースの中でも季節や時間帯によって光の入り方が違うなどさまざまなので、まずはその様子をよく観察することが大切です。

CHAPTER 1. 16

SPACE 10

土がなくても緑あふれる
テラス&屋上

地面がまったくなくても、鉢植えやつる性植物の力を借りれば、庭が生まれます。緑のありがたさを実感できる空間に。

宅間邸

A邸

日の光をたっぷり受けた明るい庭に

マンションや敷地に土のスペースがとれなかった戸建てに住んでいても庭は持てます。ベランダ、ルーフバルコニー、屋上と、その候補スペースはどこかにあるでしょう。ベランダの柵は塀やフェンスと同様に、つる性植物が日の光をいっぱいに受けて、元気に育つ格好の場所。ルーフバルコニーにもまとまったスペースが確保できそうです。屋上を使えるようなら、1階とは違った明るい南国のような庭にできそうです。いずれの場合も、光は十分に受けることができますが、乾燥や強風対策が必要になります。また、水はけ、水もちにも注意しながら階下への防水も心がけましょう。

1 壁や収納スペースを利用して、立体的に植物を配しています。近隣の山も借景に。
2 青空のもと、緑に囲まれた心地いい空間。ベランダのラティスに這わせたモッコウバラが花盛り。
3 樹木の鉢植えとコンテナを設置。ここまでは造園家さんの手で。コンテナの植え込みは今後、自ら行います。
4 水はけをよくするため、鉢はスタンドに入れて、床面から浮かせています。

\ コンテナや鉢で /

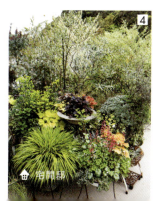
宅間邸

テイストを決めて植物を選ぶ

つくりたい庭はどんな庭？

庭づくりの夢に向けて、あれもしたい、これもしたいと次から次へと希望が出てきます。それらを整理しながら、維持・管理が苦にならない程度に実現していきましょう。

TASTE 01
木漏れ日のある雑木の庭

樹木があると、庭に立体感が生まれます。暑い時期、暖かい時期は茂った葉の間からこぼれる木漏れ日を楽しみ、寒い冬には落葉して日の降り注ぐ庭に。いながらにして四季の移ろいを堪能できます。

➡ P.20

TASTE 02
四季折々の花が咲く庭

草花類は生長が早く、植え込んだと同時にすてきなガーデニング生活が始まります。1年中花が咲くようにするには、手間の少ない宿根草やカラーリーフにも助けてもらいながら、維持・管理を。

➡ P.22

TASTE
03

家と庭をつなぐ
テラスを植物で豊かに

庭は第二のリビングルーム。テラスが建物と庭をゆるやかにつなぎます。食事をしたりくつろいだりできる場所にするには、テラスから庭の間にも心を落ち着かせてくれる植物を配して。

➡ P.24

TASTE
04

雑木にも花にも合う
芝生の庭

土の庭に比べて冬は暖かく、夏は涼しいのが芝生の庭。雑木にも花にも似合います。手入れはやや手間がかかりますが、管理できる広さだけの芝生にしたり、逆にナチュラル感のある風情にしても。

➡ P.26

TASTE
05

ちょっぴり残したい和の風情

洋風な生活になっても畳の間を一つでも残したいように、ちょっぴり和な表情も残したくなります。親世代から受け継いだ庭を、自分たちの好みにしつつ、これまでの歴史を庭に刻んでおきたいもの。

➡ P.28

しなやかな樹形のコナラとヤマボウシが見事な木漏れ日を。 　　　十分に大きくなったヒメシャラが涼しい木陰をつくっています。

TASTE 01 　木漏れ日のある 雑木の庭

雑木は年々生長していきます。
1年後、5年後、10年後を想像しながらともに歩める庭づくりができるのが魅力です。

🌲 木の選び方

落葉樹ばかりでは冬に寂しい庭になってしまうので、バランスよく常緑樹も入れるとよいでしょう。樹木は種類によって生長のスピード、上に大きくなるか、横に大きくなるかなど性質が異なります。庭の環境や広さに応じたものを選ぶことが大切です。まずシンボルツリーとなる中・高木を、次に周囲に配する低木を決めます。一度に揃えず、生長を見ながら少しずつふやしましょう。

🔑 配置のし方

木の生長の様子をイメージしながら植える場所を決めましょう。狭いスペースでも、幹がすらっと伸びて、上のほうで葉を茂らせているものなら、小道沿いに植えても通行のじゃまになりません。複数の木を植える場合は一直線上に植えず、互い違いに植えて葉に重なりができるようにすると、奥行きを感じさせる庭になります。

Coppice
美しい雑木

新緑、盛夏の深い緑、そして紅葉と、雑木は四季に応じた景色を庭に与えてくれます。なかにはそれだけでない個性的な彩りを添えてくれるものもあります。庭のアクセントとしても最適です。

ヤマボウシ
総苞と呼ばれる白い大きな花のようなものが5月ごろにつきます。品種によっては秋に赤い実をつけるものもあります。

ネグンドカエデ
新芽の薄いピンク色が美しい"フラミンゴ"。日陰でもよく育ち、害虫がつきにくく、耐暑性、耐寒性もあり初心者向きの樹木。

ニセアカシアフリーシア
新芽の時期は黄金色、夏には黄緑色の葉をつけます。1本で庭全体が明るくなります。生長が早く、強めの剪定が必要です。

Underbrush
雑木に合う下草

下草は株元を彩り、根締めの働きも持ちます。日陰・半日陰になることが多いので、耐陰性のあるものを選びましょう。あまり草丈が高くなるものは避け、葉の形や色のバリエーションを楽しんで。

エリゲロン
野草のハルジオン、ヒメジオンと同じ仲間。咲き始めは白で徐々にピンク色に。よく広がるのでグラウンドカバーにも。

フウチソウ
細くて長い葉が風になびく様子に風情があることから「風知草」と呼ばれるように。和洋どちらの庭にもよく合います。

クサソテツ
先が丸く巻いた若芽が「コゴミ」として知られています。生長した葉は色や形が美しく、庭のアクセントにもなります。

クリスマスローズ
うつむき加減に咲く花は花期が長く、寂しい冬から春の間の庭の救世主。はかなげな印象とは異なり、丈夫で育てやすい花。

コバノズイナ
高さ1mほどの低木。ブラシのような長い花穂が特徴的。剪定も楽で秋の紅葉も美しく、庭に映える植物として重宝します。

ギボウシ
ホスタとも呼ばれ、葉の大きさや形、模様など多種多彩。半日陰を好み、日が当たりすぎると葉焼けしたり枯れたりすることも。

アマドコロ
斜めに伸ばした茎から花柄(花を支える茎)が出て、1〜2個ずつ下向きの白い花をつけます。美しい楕円形の葉も楽しめます。

TASTE 02 | 四季折々の花が咲く庭

鉢の花と地植えの花に同じものを使っているので、まるで鉢から花がこぼれたかのよう。

🏠 グリーンコテージガーデン

🌿 高低差をつける

地面の花壇に植えるばかりでは、平面的な庭になってしまいます。花を中心にする庭にこそ、フォーカルポイントは不可欠です。高さのある鉢を一つ置くだけでも、立体感が生まれ、表情がぐっと魅力的に。庭の中央部は特に単調になるので、何をフォーカルポイントに据えるかを考えた上で、植栽を進めていくとよいでしょう。植物が入った鉢だけでなく、家具やオブジェも使えます。

小道に植栽アイランドを設け、その中にも高さをつくるオブジェを配しています。

- ミカエルマスデージー
- マーガレット・ネメシア
- カンパニュラ・パッラ
- シレネ
- ビオラ

CHAPTER 1. 22

1年ごとに植え替えが必要な一年草と、
植えたままで毎年花をつける宿根草（多年草）をバランスよく
植えましょう。平面的にならない工夫も大切です。

フェンスの直線と花壇が描く曲線がいい具合に安定感をもたらしています。

🏠 グリーンコテージガーデン

🪴 塀やフェンスの下に花壇をつくる

塀やフェンスだけでも、花壇だけでも物足りないのですが、両者が一体化すると場の雰囲気が一変します。塀やフェンスにとっては、足元を引き締め、花壇にとっては背景が生まれ、花壇の上部の空間を感じさせることができるようになります。塀やフェンスの下はデッドスペースと考えがちですが、相乗効果の生まれる豊かな場所として、貴重な存在です。

花壇に、小道になじむ自然な石を使って縁取りを。花壇と小道をうまく取り持ちます。

🏠 五味邸

イングリッシュ・アスター
ビオラ
ビスカリア・ルビーフラックス
サポナリア

憩いの場として

風を感じながら気持ちよく過ごすことができるのがテラス。緑に包まれていれば、緑によってさらに風は心地よくなります。家族みんなで食事をしたいのか、一人でのんびりとくつろげる空間にしたいのかなど、用途もそれぞれでしょう。目的をはっきりさせてから植物をどう配置するかを考えることが大切です。洗濯物を干すなど、生活の場も兼ねている場合は、それぞれの場所を確保し、区分することも必要です。

部屋の一部にする

部屋とテラスの高さを揃えると、部屋からそのままですぐにテラスに出られ、より一体感が増します。窓を開けておくと、室内にいるのに外に出ている気分に。部屋から手が届きそうなテラスの植物を眺めていると、植物のケアをしたくなって、自然に体が動き始めるかもしれません。暮らしと植物がもっと身近になるでしょう。部屋の一部にある植物は、生活の一部に。季節の変化も肌で直に感じられます。

O邸

気持ちのよい季節は、毎食、このテラスでとりたくなります。

03

家と庭をつなぐ
テラスを植物で豊かに

狭い庭ならなおさら、テラスの存在は重要です。
立体的に使えば使うほど、緑の量が増え、
工夫のしがいのある場所に。

飯田邸

塀の内側に植えた雑木とパーゴラに這わせたつる性植物が育ち、森の中にいるかのよう。

🌿 雑草が生えないすてきな空間

ウッドデッキ製であれ、タイル貼りであれ、テラスは雑草が生えない快適な空間。除草の手間を考えずに、コンテナや鉢・ハンギングバスケットに植えた花々に囲まれて時間を過ごすことができます。コンテナやバスケットの花は、入れ替えが簡単にでき、季節の花や好きな花を手軽に選べます。まわりの植物に応じて、食べたいもの、やりたいことも変わってくるかもしれません。

🏠 ガーデンシェッド

さわやかな季節は白とブルー系の花で統一。デッキ下にはリーフ植物を植え、すき間を埋めました。

リビングの窓を開け放つと、デッキとフラットに。

🏠 金井邸

🌲 家からつながる 庭からつながる

庭は外に出て楽しむものであるほか、家の中から見て楽しむものでもあります。双方から見ているうちに、どこにどんな植物がほしいかも見えてくるはず。そうしているうちに、次第に家の中と庭の調和がとれてくるから不思議です。「庭は住む人を表す」。まさに住む人とともに庭も住む人らしく変化を遂げていきます。

TASTE 04 | 雑木にも花にも合う
芝生の庭

幼いころ、草っ原で転がって遊んだ記憶を呼び起こすような芝生の庭は多くの人のあこがれ。雑木にも花にも似合い、小さな庭にもおすすめです。

🏠 金井邸

囲まれた感じがとても落ち着く庭。ここで庭の今後の構想を練りましょう。

🏠 T邸

レンガで花壇の縁取りをしました。レンガが描く曲線が庭に表情を与えます。

🏠 野中ガーデン

芝生スペースの建物側にはエントランスから続く小道をつなげて、芝生の際に変化を。

🎵 広くても狭くても実現可能

芝の色はとても明るい緑色です。狭い庭も明るく広く見せてくれる魔法のツールでもあります。芝生の上の空間は実際よりも広く感じます。芝生はどんな植物とも相性がいいのが特徴。イングリッシュガーデンにも純和風の庭にも合うというのがその懐の広さの証です。「手がかかって大変そうだな」と思うなら、少しのスペースだけでも芝を張ってみて、恩恵を受けてみましょう。

🌳 まわりを木や草で囲んで部屋のように

芝生のまわりを植物で囲むと、そこは秘密の部屋のようです。狭いスペースならいっそうとっておき感が増すことでしょう。芝の明るい色に反射して、塀のすぐ内側の植物にも光が届きます。緑色の中にはっとするほど鮮やかな色の花を咲かせるのも楽しいもの。木の根元に逃げ込んだ虫の行方も追いかけたくなる、子どものころに戻ったような気持ちが味わえるでしょう。

🏠 島村邸

木々の深い緑と芝生の明るい緑が対照的な庭。花がいい差し色になっています。

隣の家はすぐそこですが、ここだけはゆるやかに時間が流れているようです。

🏠 島村邸

🌳 住宅街なのに別世界

芝生と植物が織りなす特別な空気感は、住宅密集地でも見事に発揮されています。この空気の中に身を置いていると、すぐそばが殺風景な住宅地であることも忘れさせてくれるでしょう。芝生の懐の深さを利用して、そばに植える植物を変えてみると、芝生はそのままでも今とはまた別の世界に連れて行ってくれるはず。少しずつまわりの風景を変えていく楽しみをたくさん含んだ庭です。

緑の空間に銅葉（銅のような赤い葉）の植物でアクセントを。

塀や植物の選び方で決まる

和の雰囲気加減は、塀や選ぶ植物次第でどのようにも変えられます。竹垣や松の木などは、さじ加減を決めるいい材料に。親世代から純和風の庭を引き継いだ場合も、和を思わせるものをすべて撤去せずとも、のぞかせる分量を調節することで庭の雰囲気は変えられます。

TASTE
05

ちょっぴり残したい
和の風情

和の小物や和風な植物が一つあるだけで、
和の風情が出てきます。がっちりと和風な
庭が苦手でも、少しのエッセンスで
落ち着いた庭に仕上がります。

和洋折衷を体現。和洋を区別する必要はないと思い知らされます。

モミジが入ることでやや和の割合が高くなっています。

石や植物の組み合わせと配置で工夫

灯籠と南仏にあるような水栓が同じ空間にあってもなじんでいるのは、植物や石が両者をつなぐ働きをしているからです。植物や石だけ見ると、今の日本にも南仏にもどちらにもありそうなもの。つなぎ役のさりげない力が見事にバランスをとっています。和、洋どちらかを選べなくても「和洋折衷」は実現できます。

雑木にとけ込む和のテイスト

里山を思い出す雑木の庭は和のテイストも無理なく受け入れます。純和風の庭に違和感を覚える人でも、里山を模した風情の庭には郷愁を感じて、心地よく過ごせるもの。和の象徴である灯籠も静かにとけ込んでしまいます。親世代の思い出の品も、こうした形でなら大切に次の世代にも引き継げることでしょう。

CHAPTER 1. 28

CHAPTER 2

2章

1坪でもあきらめない
小さな庭の緑化アイデア

ほんの小さなスペースしかなくても
庭づくりを楽しむことができます。
造園家の「風（ふわり）」・楠さんが手がけた実例をもとに
どんな庭がどんなふうに変身したか見てみましょう。
小さな庭でもいろいろなことができると実感します。

風（ふわり）・
楠さんに聞く

はじめて庭をつくる人へ
5つのアドバイス

庭をつくってみたいけれど、どこからどう手をつけたらよいかわからない、というあなたへ、
造園家・野草家の「風（ふわり）」の楠 耕慈さんにポイントをお聞きしました。

1 / 心象風景から イメージをつくっていく

どんな庭にしたいかを具体的に考える前に、まずは植物に対する自分の、あるいは家族の「心象風景」をひもといてみましょう。「子どものころ、少年野球をしていたときの草の匂いが忘れられない」「あの映画に出てきたこんな風景が好き」などなど。どんなことでもいいですから、まずは書き出してみましょう。造園家に依頼する場合なら、書き出したキーワードをもとに話を続けるうちに、「こんな庭がいいな」ということがだんだん見え始めます。

2 / 植栽に適した時期

庭づくりに適した季節は、秋のお彼岸（9月20日前後）から春のお彼岸（3月20日前後）までの間とされています。この間は、植物たちの活動が落ちてきているからです。移植は植物にとっては大手術。リハビリの必要な体を炎天下や台風にさらすのは致命的です。それ以外の時期に行ってはいけないというわけではありませんが、絶対に避けたほうがいいのは植物も夏バテをしている盛夏と、新芽が出る4月です。

3 / 植物の決め方

庭の条件に合った植物を選びます。植物にも好き嫌いがあり、日なたを好む植物もあれば日陰や半日陰を好む植物があります。また、乾燥に強いものもあれば、ジメジメしたところを好むものもあります。こうした性質を無視しては、植物は育ちません。「こんなものを植えてみたい」と思ったものは、図鑑などでその植物が好きな環境を調べてください。植物に詳しい人に聞いてみるのもいいでしょう。庭だけでなく、地域の特性も考慮して。

4 / いい庭の条件

建物と一体感がある庭がよい庭です。好みの庭はいろいろでしょうが、建物の持つ雰囲気を無視して好みに走るのはNG。とすると、家を建てるときから、つくりたい庭のことも考えておかないと、思うような結果にならないかもしれません。住宅メーカーで家を建てる場合でも、建売を購入する場合でも、早めに動くのが肝心です。つきものの外構工事をしないでおいてもらったり、コンクリートで覆う部分を減らしてもらったり、方法はあります。

5 / 作庭後の関わり方

庭とは長いつきあいになります。自分または家族にとって、手間のかかりすぎる庭はやめておきましょう。つくる前は「あれもやりたい、これもやりたい」と思いがちです。日々の仕事が忙しいのに毎日かかりきりで手入れをする必要のある庭を持ってしまうと、もてあました挙げ句、手入れを放棄し、荒れたスペースになりかねません。最初は作庭箇所を限定し、生活スタイルを考えて、自分でできる部分とプロに任せる部分を区別して進めるとよいでしょう。

番外編 / 予算について

造園家に庭づくりを依頼したい場合は、費用も気になるところです。費用をはっきり示す造園家もいれば、そうでない造園家もいます。どちらがよいとは一概にはいえませんが、節度をもって相談にのってくれるところをいくつかあたってみましょう。ただ、予算をがっちり決めて、1円でも超さないようにというのは、自然が相手という性格上、難しいこともあります。予算の幅を決めておくとよいかもしれません。ちなみに私のところでは費用を以下のように設定しています。

Aスペース　1坪あたり20万円
高木（メインツリー）1本、中木　2本、常緑中低木　3本、低木　5本、草花　30株

Bスペース　1坪あたり15万円
中木（メインツリー）1本、常緑中低木　3本、低木　5本、草花　30株

COLUMN　ふわり流

楽しみたいことから つくりたい庭を イメージする　ポイント6

どんな庭にしたいかを考えることは、その庭でどんなことをしたいかを考えることです。「これまでの経験から、庭で楽しみたいことは、だいたい以下の6パターンに集約される」と楠さん。庭でしたいことはズバリ、大人も童心に返ること、庭はそれを実現する場所だといいます。あなたは、この中で実現したいことはありますか？　庭づくりに役立ててください。

Point 1　花摘み野っ原

庭で草花を育てたい。育てた草花は摘んで、家の中に飾ったり、ご近所さんや友達にプレゼントをしたりしたい。庭に咲いている花、摘んできて部屋に飾った草花を絵に描いたり、写真に撮ったりしたい。

Point 2　木立でかくれんぼ

子どもたちは木立を走りまわったり、かくれんぼをしたり。大人は木立を散策したり、木漏れ日の下でぼーっとしたりしたい。木陰で涼みたい。家の中から木立の景色を見たい。

Point 3　わんぱく広場

裸足でかけまわったり、鬼ごっこやボール遊びをしたい。草原でごろごろしたい。芝生の上でゴルフの練習をしたい大人もいるかも。3坪もあれば十分広場になる。

Point 4　お庭でピクニック♪

デッキやテラスで食事をしたりお茶を飲んだりしたい。友だちを招いてバーベキューやパーティーをしたい。夜は灯りを灯してゆっくり過ごしたい。

Point 5　スイスイメダカの池

池や小川をつくりたい。水鉢でメダカを飼いたい。餌台をつくって小鳥に遊びにきてもらいたい。

Point 6　食いしん坊の菜園

菜園をつくりたい。ハーブを育てたい。1坪の空間があれば、十分家庭菜園は可能。

CASE
1

ホンモノの雑木の小道をアプローチに

東京都 杉並区 熊澤邸

Before 施工前

After 施工後

楠さんの ひと言 アドバイス

あえて同じ印象の木を使い奥行き感を出す

アプローチに植えているのはほとんどがカエデやモミジの木。雰囲気の似た木を使うことで奥行きを出しています。先が見えそうで見えないのは、小道の形状とともに、枝の伸び方までを見通した木の配置によるもの。

*旗竿地の竿部分は見事な緑のトンネルに

住宅密集地にありがちな旗竿地。悪条件と思われがちな土地の形状を逆手にとり、アプローチは見事な緑のトンネルになりました。全長20mのアプローチは大谷石の石畳を進む間じゅう、木々の葉が視線の先を隠し、ゴールである建築家の熊澤安子さんのオフィス&ご自宅の姿をなかなか見せてはくれません。先が見えないわくわく感を伴って、20mよりもはるかに長く感じられます。熊澤さんにとってもこのアプローチは「緑に癒されながら家と外との切り替えをはかれる場所」（熊澤さん）だといいます。

＊旗竿地
竿にかかった旗のような形状の土地。道路に接する部分の間口が狭く、玄関まで少し距離があります。

CHAPTER 2. 32

木にも下草にも石にもこだわって

木との出会いを重ねて

玄関がまだ見えてこない……

Before / After

白とピンクが緑に映える

1 庭の木々の多くは、熊澤さんと楠さんが自ら生産地まで赴いて探したもの。
2 小道はいったん右にカーブし、今度は建物の中へ導かれます。
3 アプローチの植栽前と現在。隠れ家のような茂みにまで生長しました。
4 道の両脇には楚々とした野の花。
5 可憐な小花をたくさん咲かせるエリゲロン。さりげない華やかさです。

塀の下のすき間を彩る

6 石畳の縁には、いろいろな葉形の下草が並びます。
7 石畳の大谷石は解体されたご近所の塀だったもの。景観の歴史を引き継ぐ存在に。
8 空間ができてしまいがちな塀の下。フッキソウの明るい緑色が塀の色で引き立ちます。

[配置図: テラス／玄関／自宅／駐車場]

DATA

施工：2012年9月
庭面積：約20㎡
施工費用：Aスペース×6　＊石材別途
（p.30の基準による。以下も同様）
▪主な使用樹木
オオモミジ、モミジ、ヤマモミジなど
▪主な使用草花
タツナミソウ、フウチソウ、カキドオシなど

スペースがあれば植栽！木漏れ日の下で家族が楽しめる庭に

**適度な目隠し効果で
家族がくつろげる場に**

　食堂と居間の前にももう一つの雑木の庭が。南に面するこの庭には木漏れ日が降り注ぎ、家族の団らんの場になっています。木が適度に目隠しとなり、のんびり落ち着ける空間に。保育園に通う元気いっぱいの樹くんにとっても、この木々と一緒に過ごす毎日が、「心象風景」となるのでしょう。

1　室内からは中庭の緑が窓いっぱいに広がるのが見えます。
2　それぞれの葉の形までわかる木漏れ日。しなやかに伸びる枝の流れでやさしい空間に。
3　木漏れ日の林に向かってシャボン玉を飛ばす樹くん。光に照らされて玉もキラキラ。

4　ハウチワカエデの足元には旺盛に下草が育ち、もう森の中の地面のよう。
5　家と塀の間の通路の下草たち。時間によっては軒の陰になるのもなんのその元気ぶり。

CASE 2

玄関前の1坪のスペースの
フロントガーデン

🏠 東京都 世田谷区　I邸

> 楠さんの
> ひと言
> アドバイス
>
> **シンボルツリーは家族が愛着の持てるものを選ぶといいでしょう**
>
> 男のお子さんがいらっしゃるお宅です。その溌剌としたイメージから野球バットをつくるアオダモをシンボルツリーに選びました。ちょっとした緑でもご家族が愛着を持てる植物を植えることがなによりです。

緑の計画は面積でなく容積で考えよう

道路に面したエントランスはコンクリートで覆われた玄関と駐車スペースのみ。都市部によくある建売住宅の光景です。植栽可能面積はわずかですが、立体的に考えれば、高さを生かせます。それを生かして、高さ4mのアオダモが植えられました。すらりと背の高いこの木の緑は、2階の窓からも眺められます。脇をかためるのがジューンベリーとハーブ類。キッチンガーデンの側面も持たせました。足元には斑入りの低木やカラーリーフを使い、明るくモダンな印象に。建物もよりすてきに見えます。

After 施工後

Before 施工前

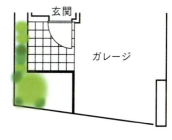

📝 DATA

施工：2014年10月
庭面積：約4㎡
施工費用：Aスペース×1　*石材別途
▪ 主な使用樹木
アオダモ、ブルーベリー、ジューンベリーなど
▪ 主な使用草花
イワナンテン・レインボー、ヒューケラなど

① ワイルドストロベリー（ライム葉）
② アベリア・サンライズ
③ アベリア・コンフェッティ

CASE 3

1坪×3カ所のスペースに植栽する

東京都 世田谷区 O邸

Before 施工前

After 施工後

> **楠さんの ひと言アドバイス**
>
> **雑草を抑えながら
> 将来の
> 植栽スペースも確保**
>
> 植栽スペースギリギリまで緑で覆わず、縁には砂利を敷きました。雑草が生えるのを抑えるとともに、今後、もっと植物を植えたいと思われたときに好きな植物を自由に植えられるよう、スペースを残しておいたのです。

日なたの植物も日陰の植物も同時に楽しめる

Oさんのご意向で限りある空間でも緑を味わいたいと、家の設計段階で1坪のスペースを3カ所空けてもらいました。角地にあるため、その3カ所は南向き、南西向き、北東向きとなり、日なたを好む植物と日陰を好むスペースの両方を確保できました。まとまったスペースをとれなくても、それぞれの場所で異なる植物を楽しめるのがこの庭の特長です。夫婦共働きで忙しくても、楽しいと感じられる範囲で植物の手入れができるのもポイント。それまで植物とは縁がなかったというOさんも今では「庭仕事が趣味」と話します。

CHAPTER 2. 36

小さくても3つの表情が楽しめる

1. メインの木＆下草でボリューム感を

エゴノキとともに葉色が明るいシルバープリペットを植え、ボリュームがありながらも重すぎない印象に。

2. 白い壁に映える中木＆低木の緑地帯に

シンボルツリーよりはやや低いヒメシャラ、モミジに、ウツギ、ニンジンボクを合わせ、白壁に映える緑の塊となりました。

3. 高低差を出し、リズミカルに配置を

窓の下の細いスペースにはトクサを。これから丈を伸ばしてきたら、間引いたりカットしたりして楽しめます。

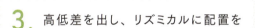

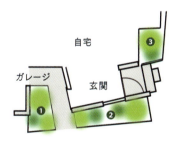

DATA
施工：2014年10月
庭面積：約10㎡
施工費用：Bスペース×3
■主な使用樹木
エゴノキ、ヒメシャラ、モミジなど
■主な使用草花
フッキソウ、イトススキなど

CASE
4

テラスを壊して、緑のアプローチに

埼玉県　さいたま市　O邸

Before 施工前

After 施工後

楠さんのひと言アドバイス

狭いところに植える高木は年数がたって形が安定したものを

この庭の主木は高さ5mのアオダモ。狭いところで高木を植えるなら、年数のたったものがよいでしょう。この木は樹齢40年で、一度切ってひこばえ（切り株の周囲から生えてくる枝）が株立ちになったものです。

下草の植栽と小道で奥行き感を実現

もともとあったウッドデッキとウッドフェンスを撤去して林間の趣のあるアプローチをつくりました。塀の内側で暗くなりがちな空間ですが、逆手にとれば、ここは山の環境に近く、林間に仕立てるにはもってこいなのです。手前に存在感のあるカラーリーフや斑入りの葉ものを植え、明るい葉の色のものを植えることで、奥のほうが浮かび上がり、大谷石の小道にリズム感が生まれます。大谷石には光が反射し、見た目にも明るい印象に。かつてウッドフェンスが果たしていた隣家からの目隠しの役割も果たす庭となりました。

CHAPTER 2.　38

\ ふわり流 /
アプローチ植栽術

もっと
キラキラ感を

光輝く
別天地！

木の影も
ゆらゆらと

限られたスペースを
広く見せるコツ満載！

1 アプローチ手前にある斑入りヤブラン、セキショウ。手前に存在感を与えます。
2 手前の「存在感グループ」の一つ、ムラサキサギゴケ。
3 木漏れ日をきれいに見せるなら、樹木の葉形にバリエーションを持たせます。
4 小道奥手に植えた白花のサギゴケ。手前にある紫花のサギゴケに対比させました。
5 小道奥手にある明るいエリア。木漏れ日が映って、さらに明るくまさに理想郷。
6 家の壁にも大きな木の影が映り、視線マジックで庭のスペースがさらに大きく見えます。
7 斑入りカキドオシの紫色の花が葉の斑に彩られて華やかに。
8 白い小花が鈴なりに咲くイワナンテン。

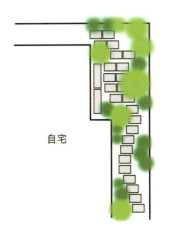

自宅

✏ DATA

施工：2014年10月
庭面積：約24㎡
施工費用：Ａスペース×7
＊石材・ウッドデッキ撤去費別途
■ 主な使用樹木
アオダモ、コナラ、ツリバナなど
■ 主な使用草花
サギゴケ、カキドオシ、キキョウなど

CASE 5

玄関前のアプローチを
石のベンチと緑で表情豊かに

東京都 世田谷区 S邸

Before 施工前

After 施工後

楠さんの ひと言 アドバイス

風景をまとめてくれる見せ場をつくってみては

小さなスペースにも見せ場をつくるとよいでしょう。ここでは小道やスリットに使った大谷石を使い、入り口にベンチを設けました。これだけのことで、風景にまとまりが出ます。庭作業の手を止め、庭を眺める場としても。

駐車場、小道、塀、樹木から玄関へとつながりのある庭

駐車場から雑木に彩られる玄関へとスムーズにつながる庭です。住宅地に建つ家としては一般的な約2坪のスペース。もともと駐車スペースはコンクリートで覆われるはずでしたが、中央部分に幅40cmのスリットを残しておいてもらい、大谷石と川砂利を配しました。これにより、大谷石や軽石を生かした玄関前の植栽と駐車場の雰囲気が一体化。実際のスペースよりも広く感じられます。植栽の緑を引き立てるのは柿渋を塗ったウッドフェンスです。モダンな玄関まわりと木々とのつなぎ役もうまく果たしています。

CHAPTER 2. 40

\ ふわり流 /
無機的空間に風流さを

足元を
引き締める
石

大谷石にも
マッチ

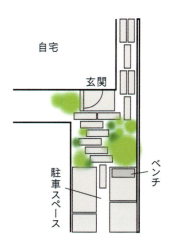

美しい
シルエット
を映します

シャリンバイ＋イワナンテン
隣家の塀は樹木の背景として使わせてもらいました。白いキャンバスにしなやかな樹形が刻一刻と姿を変えて映し出されます。

大谷石＋軽石
石が大好きだというSさんの意向を受けて、植栽の足元に石を配し、ロックガーデン的な雰囲気を加えました。大谷石と軽石を使い、自然な雰囲気に。

After

Before

南面の庭も
玄関前の雰囲気で
リビングに面する庭にも、玄関前と同じテイストの庭を。庭の隅に築山で起伏をつくり、石の庭に似合うコケ類も入れています。

📝 DATA

施工：2014年10月
庭面積：約17㎡
施工費用：玄関前Aスペース×1　Bスペース×1　*石材・ガレージ施工費別途
庭Aスペース×2、Bスペース×1　*石材費別途
■ 主な使用樹木
アオハダ、アオダモ、ハウチワカエデなど
■ 主な使用草花
ツボサンゴ、ヤブラン、シランなど

CASE
6

市の緑化助成金で
緑の駐車スペースに

🏠 千葉県 市川市 A邸

Before 施工前

After 施工後

楠さんの ひと言アドバイス

助成制度は着工前に申請を

緑化事業に積極的な自治体には、助成制度があることも。ただし、申請ができるのは施工に着手する前です。施工後では手遅れ。早い段階から情報を収集し、助成条件を勘案しながら、庭づくりの計画を進めましょう。

駐車スペースも緑化し里山の光景を

道路に開けたAさんの庭の半分は樹木で覆われ、半分は緑の野原のよう。この一角がまるで里山です。野原のような部分は駐車スペースですが、といっても、お客様用でふだんはほとんど駐車されることはありません。

それならと、この部分も庭として使うことになりました。計画を進めるうちに、Aさん宅のある市川市には駐車場緑化に対する補助金があることがわかり、それを利用することに。緑化の際には使用できる植物が決まっていることがあり、それを考慮しつつ、駐車スペースに芝とヒメイワダレソウを使いました。

CHAPTER 2. 42

行政の情報をチェックし、上手に利用しよう

アップで見てみよう！

助成対象の地被類を うまく利用

ここでの助成は、個人宅の場合、地被類に限られていました。そこで、芝とヒメイワダレソウを使うことにし、市に相談しました。最近は植物の品種が多いので、対象植物として認められるか、担当者とよく相談を。

アップで見てみよう！

土壌改良も兼ねて

海が近いため、砂の多い土壌を改良し、水はけ、水もちのよい土にするため、樹木は築山に植えました。土留め代わりに雰囲気のある自然石を使用。植物の位置が高くなるため、風通しもよくなります。

📝 DATA

施工：2015年3月
庭面積：約10㎡
施工費用：アプローチ　石材・芝施工（一部補助あり）　庭Aスペース×3　＊石材・芝費別途
- 主な使用樹木
アオハダ、アオダモ、コナラなど
- 主な使用草花
キチジョウソウ、ヤブコウジなど

自然の雑木林のように 見せる植栽

庭に築山をつくりました。地面に起伏が生まれ、木や野草、石の配置により、より自然な光景をつくることができました。

CASE 7

建売のコニファー＆芝生スペースを
希望の雑木風の庭に

🏠 茨城県 つくば市 O邸

Before 施工前
After 施工後

子どもが楽しく走りまわれる庭に

新興住宅地の建売住宅の庭。形ばかりの植栽を、季節感のある落葉樹の庭に変化させました。もとからあった芝生はそのまま生かし、これを小道に。風と夏の日ざしが強いこの地で家と庭を守るよう、コナラ、アオダモの高木を植えています。避暑地のような癒しの空間を醸し出すため、繊細な樹形のモミジ、アブラチャン、ツリバナなども配植。下草は丈夫な宿根草を中心に植えています。一変した庭にお子さんは大喜び。「ジャングルのようだ」と庭で走りまわるようになったそう。道行く人にも四季の変化を感じさせてくれる庭となりました。

楠さんのひと言アドバイス

広く見せ、大きく使える植栽がきっとできます

施工後の庭が以前の何倍にも感じられるようになったのは、駐車場や道路に面したラインだけでなく、建物近くにも木を植えたことで植栽が重なり、奥行きが生まれたからです。建売の庭でもあきらめることはありません。

建売の庭でも、自分らしく変えられる

芝生が生き生きしてきたみたい！

「建売購入時にもともと張られていた芝生はなんだか元気がなかったのに、この庭になってから生き生きして緑色がきれいになった」と奥様。木を植え、草花を植えたことで、緑のトンネルを涼やかな風が通るようになったからでしょう。

1 樹木を植えるスペースはバークたい肥を多めに入れた土で築山にしています。
2 下草はタツナミソウ、フウチソウ、カキドオシ、チョウジソウなど。
3 2階からは木の枝に手が届きそう。家のどこにいても緑が身近に感じられます。
4 年月を経て、木がもっと茂っていったときのことを想像するだけでわくわくしてきます。

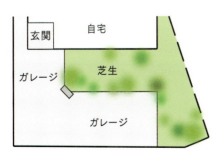

DATA
施工：2015年3月
庭面積：約10㎡
施工費用：Aスペース×1、Bスペース×2
＊芝・ガレージは建売時のもの
- 主な使用樹木
コナラ、アオダモ、モミジなど
- 主な使用草花
タツナミソウ、チョウジソウ、キョウカノコなど

CASE 8

高低差と道をつくって
武蔵野の面影を再現

東京都 町田市 O邸

Before 施工前

After 施工後

家の中と外から満足できる武蔵野の雑木林

道路を隔てて目の前には川、さらにそのバックには森の広がる立地にあるO さん宅の庭には二つの表情があります。家の外から見た景色、そして家の中から見た景色です。家の中からは森を借景に目の前の梢が広がります。一歩外に出れば、木漏れ日を浴びながら小道を散策し、野の花を摘んだりと室内にあしらいます。植物が大好きだというOさんならではの視点でつくられた庭です。施工後3カ月にしてこれだけ植物たちの伸び伸びとした姿が見られるのは、Oさんの愛情のたまものです。

楠さんのひと言アドバイス

早く動き始めれば出会いも多くなる

施主さんの思いがこんなにも集約された庭になったのは、家の建築と同時に庭の構想も練ってきたからです。庭に並々ならぬ思いがある人ほど、早くから始動を。長く動く分だけ、人とも植物とも出会いが多くなります。

CHAPTER 2. 46

\ ふわり流 /
木の選び方、植栽のコツ

植林：コナラ、アラカシ、ハウチワカエデ、アオハダ、ナツハゼ、シロモジなど

中低木：シロヤマブキ、リキュウバイ、アセビ、イボタ、コムラサキシキブ、ハギなど

下草：キョウカノコ、フジバカマ、イトススキ、サギゴケ、ギボウシ、タマシダなど

道路と植栽帯の間のもう一つの道の役割

道路に面した植栽群と建物の近くにある植栽群が重なることにより、木々が林立した林のような景色がつくれます。この庭では両者の間に小道をつくりました。小道のそばにもまた新たな植栽が可能になり、緑の重なりは何倍にもなり、いっそう奥行きが出てきます。

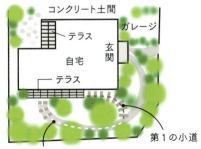

DATA
施工：2015年2月
庭面積：約30㎡
施工費用：Aスペース×9
＊石材・砂利別途
▪ 主な使用樹木
コハウチワカエデ、コナラ、シャラなど
▪ 主な使用草花
シロバナミヤコワスレ、クガイソウなど

1 テラスにつながるアプローチ。1本めの小道です。
2 第2の小道を西側から見たところ。
3 第2の小道を2とは反対の東側から見たところ。同じ道なのに、見る方向によって景色がまったく変わっています。
4 道路から家を眺めたところ。木が生長すれば木立に隠れそう。

CASE 9

広い和の庭の一部を
雑木風の空間に

🏠 埼玉県 所沢市 O邸

土地が持っている記憶が呼び覚まされる

親世代から引き継いだ昔ながらの広い和風の庭を持つOさん。その一角に大好きな雑木の庭を持ちたいと希望していました。もともとこの地は林を開拓したところ。土地が持っている記憶を呼び覚ましたかのような木に囲まれた空間になりました。庭の中央に細長い築山を設けることで、回遊して楽しめるように。施工後半年たち、植えたはずのない植物も顔を出しています。どこからか飛んできた種や鳥の落とし物の中から自然に芽吹いたのでしょう。自然になじみながら変化していきそうです。

> **楠さんの ひと言アドバイス**
>
> **それだけで絵になる存在感**
>
> この庭のポイントは大谷石でつくったベンチです。白い砂利道と緑の世界のアクセントになりました。休息の場、近所の人とのコミュニケーションの場にもなっています。ベンチは一石三鳥のフォーカルポイントとしておすすめです。

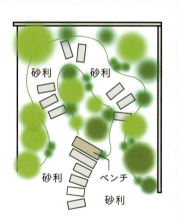

DATA

施工：2014年10月
庭面積：約24㎡
施工費用：Aスペース×4
＊石材・砂利別途
▪ 主な使用樹木
アオダモ、イロハモミジ、ハシバミなど
▪ 主な使用草花
カラマツソウ、クリスマスローズ、フウロソウなど
タチツボスミレなど20種類

Before 施工前

After 施工後

CASE 10

国道の喧噪を和らげ
家族のくつろぎ空間に

🏠 埼玉県　川越市　S邸

楠さんのひと言アドバイス

緊急性の高いところから少しずつつくっても

庭にできそうなスペースがいくつかある場合、一度に完成させなくても、緊急性の高いところから少しずつとりかかっていく方法もあります。ただし、業者に依頼する場合は、全体の統一感をとったり、後まわしにした部分をそのまま放置してしまうこともあるので、一度に依頼したほうがよい場合も。

高木で遮るものはしっかり遮る

家を中心にぐるりと庭のスペースのあるS邸。すぐ横を国道が通っているため、まずは国道に面したスペースの庭づくりにとりかかりました。アオダモ、コナラの高木を配し、喧噪を遮り、目隠しをはかります。骨格ができたところでクロモジやドウダンツツジなど雰囲気のある木も用いてところどころに築山をつくり、それらを回遊できる庭にしました。目の前にあるリビングからは施工後2カ月にして、樹木のドームができあがって見えます。真砂土の園路が緑と好対照です。

Before 施工前

DATA

施工：2015年3月
庭面積：約13㎡
施工費用：Aスペース×4　＊真砂土施工費・芝別途
▪ 主な使用樹木
コナラ、アオダモ、ハウチワカエデなど
▪ 主な使用草花
スミレ、ホタルブクロ、ウツボグサなど

After 施工後

COLUMN

\ 初心者に便利！/
野草や樹木のマット

庭に樹木や野草の下草を植えたいと思っていても、何をどう植えたらよいかわからない……。そんな初心者には、あらかじめ苗を植え込み、根がマット状になったものを使うと便利。生長するにつれて周囲になじみ、自然な光景をつくります。

野の花マット

ハッピーツリー

上：野の花マットを使った庭
下・左：日なた〜半日陰タイプ、下・右：マットの根の状態

上：メインツリー脇にハッピーツリーを使った庭。
下：生分解性容器に2種以上の樹木を寄せ植えしています。

手軽に植えられる初心者の強い味方

これからはじめて庭づくりをする場合、どんな草花や木を植えたらよいか迷うこともしばしばです。草花や木を1本1本用意するにも、名前がよくわからなければ、それぞれの特性も調べようがありません。初めての庭には、植えつけてからもなかなか根づかないという悩みも発生しがちです。

そんなときの役に立つのがマット状になった苗。日なた、半日陰、あるいは地域によって育てやすい野草が貼り芝のような手軽さで植えられるものです。春、夏、秋それぞれの季節に花を咲かせるものが寄せ植えされており、冬には地上部は姿を消すものの、地下の株は充実し、翌年もまた花をつけます。寄せ植え状に何種類かの木がセットされたものもあり、うまく利用したいものです。

取材協力／有限会社 仲田種苗園

CHAPTER 3

3章

―――

こんな庭をめざしたい
実例から学ぶ理想の庭づくり

環境を考慮しながらも、希望はできるだけかなえたい。
具体的にどうやって庭にしたのかを
実例を見ながら研究してみましょう。
きっと、「わが家の庭づくり」のヒントになるはずです。

1 狭い通路　　**2** 家の裏側　　**3** 日陰・半日陰

あきらめていた、悪条件を生かした庭

悪条件のスペースをメインガーデンにも匹敵するほどの魅力ある庭に変身させた実例を紹介します。悪条件であるほど、克服できたときの喜びも大きいものになるでしょう。

🏠 伊藤邸
通りたくなるしかけを
白いアーチや明るい葉色の植物が光を反射し、明るい庭に。前方に設けたドアもわくわく感を誘います。

🏠 飯田邸
土壌をよくして植え込む
レンガ敷きの小道の両脇には日陰でも育つギボウシやシダ類を。植え込む前に水はけと水もちのよい土に整えておきました。

---
1 狭い通路

光を呼び込み、通るのが楽しくなるような通路にしました。施工後は、空気の流れもよくなったように感じられます。

CHAPTER 3. 52

こんな工夫も！
床下の空間には明るい色の石板をはめ込みました。暗く殺風景だったところに表情が加わり、明るくなりました。

🏠 S邸
植物探しも楽しい
南向きながら隣家と塀の陰になる部分。暖かい日陰を好む植物を植えたら、ジャングルの中のような生命力あふれる植栽に。

🏠 伊藤邸
元気の出る色を使って
塀と建物に囲まれた暗いスペースに明るく元気が出る色のパーゴラとテーブル、ベンチを。飾り棚で奥行きもプラスしました。

3 日陰・半日陰

日陰・半日陰を好む植物にもいろいろあります。興味を持った未知の植物も試して、異国情緒のあるシェードガーデンになりました。

2 家の裏側

庭になるとはだれも思いつかないような場所ですが、プライベートな空間にするにはもってこい。好きな雑貨を置くスペースも設置。

伊藤さんの
楽しい演出

住宅密集地の建売住宅に住む伊藤さん。普通に考えれば庭スペースはどこにもなさそうですが、家を取り囲むわずかなスペースをすべて居心地のよい庭に変えてしまいました。悪条件を克服する楽しい演出、工夫の数々を見てみましょう。

1 場所をとらないテーブルとベンチで、大人3人が座っても余裕。
2 塀には飾り窓と棚を。フェイク窓が奥行きを感じさせます。
3 アンティークな看板のまわりにかわいらしいつる性のバラを。
4 通路の壁に設置した花台。明るさを呼ぶ雑貨を飾っています。
5 飾り窓の中の鏡で奥行きをプラス。ワザあり！の演出です。
6 縦のラインが強調される植物は空間の広がりをもたらします。

大人の秘密基地！

楽しいしかけがいっぱい！

狭い通路／家の裏側／日陰・半日陰

CHAPTER 3. 54

リゾート地のような色合い

7 高い位置にバラを。花も葉も太陽を十分に浴びています。
8 手づくりのプランターホルダーはストライプ柄。遊び心もいっぱい。
9 ティーポットから花が飛び出してきたかのよう。
10 お手製郵便受けも植物でアレンジ。わずかなスペースにも緑を。
11 巣箱風なプランター。これも庭に合わせて手づくりしました。
12 バラの誘引つるが重なって殺風景なところにハンギングを。
13 壁にレンガを貼りつけ、オブジェと組み合わせた力作の花台。
14 通路にあえて取りつけた扉。向こう側への想像を駆り立てます。
15 スノコをペイントしてアンティーク水栓を取りつけました。

ヨーロッパの路地裏の雰囲気

小鳥のさえずりが聞こえそう

狭い通路／家の裏側／日陰・半日陰

小さなスペース・日陰や半日陰に向く植物

小さなスペースや日陰・半日陰でも生き生きと育つ植物を紹介します。
環境の微妙な違いによってよく育つもの、そうでないものがありますから、
実際に植えながらその場所に適したものを探して。

フェッツスカグラウカ
ヤブコウジ
伊藤邸
4

ディコンドラ・シルバーボール
伊藤邸
5

ティーツリー
アナベル
ウエストリンギア
クリスマスローズ・ニゲル
ハラン
S邸
6

ビブルナム・ダビディ
アカンサス
クサソテツ
ヒメアセビ
S邸
7

p.56
1 こぼれるように広がるセダムが植栽との境界をうまくぼかしてくれます。
2 葉の形が異なるものを植えて変化を。静かな空間に動きが生まれます。
3 ところどころに色の異なる葉（ここではヒューケラの銅葉）を混ぜてリズミカルに。

p.57
4 地植えの下草の並びに、鉢で育てた葉ものを置いてみても。日陰では育ちにくいものを短期間だけなら置くことができます。
5 ブロックを敷いて少し余ったスペースにも、悪環境でも繁殖力の強い植物を。
6 たとえ日当たりが悪いところでも、その植物に適した環境なら、どんどん広がっていきます。
7 ユニークな形の葉が勢揃い。花はなくても十分楽しいスペースとなりました。

1 屋上 **2** テラス **3** マンションの庭

土がなくても庭になる！

地面に接した部分がなくても、庭空間ができる実例を紹介します。もとは土のなかった場所とはとても思えないほど、地面につくった庭と変わらない光景がそこにはありました。

乾燥に強い植物たちです

🏠 宅間邸
愛情にこたえる植物たち
1 木も草花も葉の先まで元気いっぱい。愛情をたっぷり受けて育っていることがわかります。色とりどりの葉色が美しい庭です。

🏠 飯田邸
本当に屋上？
2 せっせと運んだ土にグラウンドカバーが広がり、木も大きく生長。日ざしが強いときは大きなパラソルが役立ちます。

---
1 屋上

照り返しがあり、強い風にさらされがちという厳しい環境をケアする必要はありますが、空を近く感じ、開放感を味わえる庭に。

CHAPTER 3. 58

2 テラス

家の中と庭の架け橋、テラス。ここをうまく使うことで庭も見違えますし、庭をつくれない場合でも庭の役割を果たします。

🏠 濱野邸

1 深い緑に覆われた谷に隣接したこの家の庭は、森を借景としたテラス。ウッドデッキわきに植えた木々が、森にとけ込んでいます。

🏠 O邸

2 テラスに寄り添う植え込みスペースには挿し木から育てて20年経過した木々が並びます。テラスから日々、生長を見守りました。

🏠 free style furniture DEW

3 庭にぐっと張り出したテラスにいると、隣接する森に手が届きそう。窓枠の額縁から四季の変化を楽しむ日々です。

🏠 free style furniture DEW

4 左のテラスを真横から見たところ。テラスは庭と森を望む贅沢な展望台のようです。

20年間、生長を見守り続けました

白いテラスでは日光がより明るく

テラスは団らん、憩いの場

テラスにはテーブルと椅子が似合います。フォーカルポイントになるのはもちろん、団らん、憩いの場に欠かせないものだからです。

屋上／テラス／マンションの庭

🏠 **ガーデンシェッド**
ほっと一息の場

1 リゾート地にあるこの庭を訪れる人がほっと一息つけるテラス。景色のごちそうを堪能できる明るく温かな場所です。

🏠 **栗原造園**
緑に見守られて

2 建物と同じ素材のデッキとパーゴラは部屋の延長そのもの。人が庭を見るというより、木々や草花が人を見守っているよう。

🏠 **Y邸**
二つの憩いの場

3 家族の団らんはテラスで、客人をたくさん迎えるときは、庭のテーブルと椅子にまで皆の笑顔が続いていきます。

COLUMN
テラスやデッキの楽しみ方いろいろ

休日のブランチに

🏠 堀越邸

夫婦と幼い息子が揃う休日は
ゆっくりブランチのひとときを。
イタリア料理の講師であるママ
の手料理を味わいます。

高いテラスの下は、日陰を好む植物を

🏠 T邸

ぽかっと空いてしまいがちな高いテラスの下。この
土地でよく育つ日陰を好む宿根草を植え、小道の脇
にも表情がつきました。

テラスの一カ所に植栽スペースをつくる

🏠 ガーデンシェッド

テラスの中にも植栽スペースをつくることで、緑の
塊が増えました。中木、低木、下草が入り、ここだ
けで一つの庭が完成しています。

3 マンションの庭

庭づくりの意気込みが続かず、もてあまし気味になることが多いマンションの専用庭。
この庭づくりに拍車がかかったのは、テラスと壁のラティスを手づくりしてからだそうです。

🏠 堀越邸

▲ **手づくりラティスの下にかわいいミニ花壇を**
ラティスを設置したあと、足元を華やかにするため、レンガを並べてミニ花壇をつくりました。区切りをつけることで手入れもしやすく。

▼ **緑を計算に入れた料理とテーブルセッティング**
堀越さんの手による本格イタリアンとテーブルセッティングは、緑によってさらに引き立てられています。

鉢やミニ花壇にハーブを植えて

料理にふんだんに使うハーブは庭で育て、少しずつ摘んでいます。太陽の下で育ったものを食べるのは、太陽の下がいちばん。

季節の草花も

ハーブのほかは、季節を感じさせる草花を植えているミニ花壇。秋から冬にかけては、美しいカラーリーフの登場が増えます。

ラティスに飾って遊ぶ

ラティスにはハンギングバスケットを飾るほか、ガーランドやアンティーク雑貨など、遊び心ある飾りつけをしています。

1 草花中心の庭　2 雑木中心の庭　3 ローメンテナンスの庭　4 芝生のある庭

メインの庭は真っ白なキャンバス

メインガーデンは自由自在に自分らしい庭を描き出すキャンバスのようなものです。描く材料も自分次第。時間をかけて少しずつ表現していきたいものです。

野原のように

🏠 グリーンコテージガーデン

**訪れる人に安らぎも与える
フォーカルポイント**

1 子どものころに遊んだ野原に迷い込んだ気分になります。そんな人たちを見守るかのようにたたずむベンチにほっと心が安らぎます。

**植物の力を発揮させる
緻密な植栽計画**

2 白い花の中にポツポツとピンクやブルーの花でまとめられた一角。計算し尽くされた植栽計画ですが、草花の自由な生命力を感じます。

1 草花中心の庭

宿根草が静かに花を咲かせるそばで、毎年こぼれ種から芽を出し、花を咲かせる草花がたたずむ……。そんな自然の営みがくり返されている庭。

CHAPTER 3. 64

花壇を美しく

🏠 **グリーンコテージガーデン**

咲き方や花色で清楚さを表現

1 花壇の縁石が見え隠れ。石のすき間や外にも花が控えめに咲いています。ここでも鮮やかな色の花数を抑えて清楚さを。

🏠 **五味邸**

夏には鮮やかな色の花もポイント的に

2 芝生スペースの縁には草花たちの楽園が。花びらが散ってめしべとがくだけになった姿にも、自然がつくる美しさを感じられます。

🏠 **グリーンコテージガーデン**

個性的な花も
庭全体の雰囲気にとけ込むように

3 玄関前にはチューリップの花壇。クールな色のベロニカ プロストラータと合わせ、庭全体との調和がとれた空間になりました。

COLUMN

花の庭 アイデアいろいろ

花壇の間に小道をつくる

🏠 五味邸

次はどんな草花が顔を見せてくれる？

1 ゆるやかにカーブする小道が庭に広がりを与えます。草花たちもそれぞれの居場所を与えられ、そこで伸び伸びと花を咲かせています。

🏠 M邸

ケアが必要な植物を確認して歩く道

2 小道は庭の手入れをするためにも便利です。少しずつ歩を進めながら、いろいろな角度から植物たちの様子を確認していくことができます。

構造物の下に花壇をつくる

🏠 グリーンコテージガーデン

背景の色が植物の色も引き立てる

1 背景の前で花壇はいっそう映えて見えます。これはテラスの下に設けた花壇。花や葉の色がテラスの色の前でさらに生き生きしています。

花壇＋鉢で高低差をつける

2 建物の前に広がる花壇。建物の高さに負けないよう、花壇の中に鉢を入れて、高低差を。視線がスムーズに流れます。

CHAPTER 3. 66

2 雑木中心の庭

四季を目の前でダイナミックに感じることができる雑木を中心とした庭。
華やかな花はなくとも、日々、少しずつ変化していく景色に心が癒されます。

雑木の小道

庭の中に配した小道を歩きながら雑木が織りなす世界を味わいます。同じ道を歩いていても、毎日違う発見が。

🏠 飯田邸
17年かけて深い森に

1 家のまわりを巡る小道のまわりに雑木林ができました。庭をつくり始めて17年め。すっかり深い森の様相を呈しています。

🏠 大塚邸
太陽の光も届く雑木林

2 小道にも木漏れ日がこぼれる明るい雑木の庭です。高木は上方で葉を茂らせ、下には空間がたっぷり。日なたを好む下草も育ちます。

テーブルと椅子を木漏れ日の下に

木漏れ日の下でのんびりするなら、テーブルと椅子やベンチを。木陰の涼しさも肌で感じられます。

樹木を美しく見せる下草

木の足元をしっかり引き締め、木の幹を隠さない背丈でとどまる草たち。光が届きにくい場所でも育つものを選びましょう。

カツラ／ジューンベリー／ヤマボウシ／カエデ／ムクゲ／ブルーベリー

🏠 T邸

大きな木の下で

大きく育った木の下にくつろぎ空間を設けました。訪ねる人は皆、ここでお茶を飲みたいと希望するそう。時間を忘れてしまいます。

タヌキラン／ミヤコワスレ／ヤマアジサイ／ヤマアジサイ黒龍／斑入りギボウシ

🏠 飯田邸

斑入りの植物も生き生きと

強い光が苦手な斑入りギボウシも生き生き育っています。山野草が可憐な花を咲かせる時期が毎年楽しみな庭です。

草之心の庭／雑木中心の庭／ローメンテナンスの庭／芝生のある庭

CHAPTER 3. 68

3 ローメンテナンスの庭

庭のメンテナンスと聞くと真っ先に思い浮かぶのが除草作業。除草作業に追われて庭を楽しむ余裕がなくなってしまうのは、本末転倒です。自分の手に負えるだけのメンテナンスで実現する庭を。

雑草に悩まされない庭をつくる

雑草の生えにくい庭にするなら、植栽部分以外の土の面積をできるだけ減らすこと。それでいながら、趣はなくさないのがコツです。

\ レンガ、砂利、石を敷いて /

🏠 田中邸

レンガを敷いて土は植栽スペースのみ

1 地面はレンガでカバー。土が見えなくなった分、街灯やパーゴラなどは趣向を凝らしたものを。気に入るものをとことん探しました。

🏠 高橋邸

土をなくした分を補う添景物を

2 小道は除草シートを敷いた上から砂利をかぶせました。敷石やレンガづくりのアイランド、ベンチが砂利道の添景*になっています。

*添景
全体を引き立てるために加えられたもの。

🏠 野中ガーデン
やわらかく包まれて
近隣からの視線が気にならないところでは、開放的な囲いを。花のやわらかい色が芝の緑にもしっくりなじんでいます。

草花で囲う

ぽっと開けた小さめな芝生の空間は、やさしい雰囲気の草花で囲ってみても。緑を引き立てる色の花を咲かせてアクセントに。

4 芝生のある庭
庭に明るさを呼び込む芝生。のんびり空間の象徴でもあります。ただ、芝生を張るだけではメリハリのない空間に。表情を持った芝生の庭の例を紹介します。

低木で囲う

近隣からの視線が直接入り込んでこない場所なら、高くないゆるやかな囲みでも十分。穏やかな気分でくつろぐことができます。

🏠 岡本邸
穏やかな空間に
太陽の光を浴びて、ごろっと寝ころびたくなる庭。圧迫感のない草花や低木だけが見守る穏やかでのんびりとした空間です。

草花中心の庭／雑木中心の庭／ローメンテナンスの庭／芝生のある庭

CHAPTER 3. 70

COLUMN
美しい芝生の庭からヒントを得る

曲線の花壇でやわらかさを

🏠 T邸

レンガで曲線を描く

花壇の曲線がなんとも人の心を和ませます。芝生エリアまで花茎を伸ばしたマーガレットもとても居心地がよさそうです。

＼ 曲線マジック！ ／

花壇だけでなく、木の足元にも。レンガの曲線が添景になっているのはもちろんのこと、木にも存在感を与えます。

ナチュラルで美しい庭

🏠 グリーンコテージガーデン

草花と合わせて草原風に

本当はよく手入れをされた芝生の庭ですが、庭の草花と相まって、牧草地にでもいるようなたたずまいを醸し出しています。

手入れの行き届いた芝生は美しい

🏠 金井邸

刈り込まれた美しさを

美しく刈り込まれた芝生の先には草花と低木。背後にある敷地外の林ともなじんでいます。手間と引き替えても余りある光景ができあがりました。

1 アプローチ　　**2 フロントガーデン**

家族やお客を迎える大切な場所

家族やお客様を真っ先に迎える庭は、その家の顔と言ってもよいでしょう。折り目正しく、それでいてつくり手の庭への思いが伝わる場所であってほしいものです。

---

1 アプローチ

玄関へと続く道。一歩ずつ歩きながらこれから会う人のことも思い浮かべる空間です。いろいろな気持ちを受けとめる心地よい緑を。

緑のトンネルアプローチ

入り口に立ったときにゴール地点である玄関が見えないアプローチ。緑のトンネルをくぐりながら先を想像する楽しみも味わえます。

🏠 **川島邸**
様々な植物がつくるトンネル

1　小道の両側には高い木も低い木も。頭上にはつる性植物がつくったドームが。50年かけて育った植物たちが心を込めて迎え入れます。

🏠 **ビストロ ラ・ペクニコヴァ**
スペシャルな気分と歩く道

2　地元で評判のビストロのアプローチ。特別な日に特別な人と特別な場所へ。非日常へいざなうとっておきの小道です。

CHAPTER 3. 72

メインガーデンへのアプローチ

大切につくっている庭へのアプローチ。訪れる人をまずは歓迎し、さらに想像をふくらませてもらう場所です。

🏠 瀬尾邸

先が見えない楽しみ

1 太陽が降り注ぐ明るいエントランスですが、奥の見えない小道は「この先に何があるのだろう」と思わせます。

🏠 雨宮邸

幾重にも歓迎のしかけが

2 山野草の道を歩き、バラのアーチをくぐれば、メインガーデン。隅々まで注意が払われたアプローチの先にはどんな庭が待っている？

2 フロントガーデン

玄関前に広がる庭。「待っていましたよ」という気持ちがダイレクトに伝わる場所です。植物を使って、そんな気持ちを表現しましょう。

🏠 川島邸

一目で植物好きと
わかる庭

1 サンルームでたくさんの植物を大切に育てている家主。ここで育った子どもたちが玄関前にもたくさん。赤いゼラニウムがポイントに。

🏠 瀬尾邸

上下で異なるバラを

2 レンガづくりのエントランスにバラがよく似合います。上下で種類の異なるバラを這わせ、つくり手の細やかなセンスが伝わってきます。

雑木林の入り口のように

🏠 飯田邸

期待感はドアを開けるまで

1 すぐ後ろにあるはずの家まで覆い隠すほどの木々（ヤマボウシ、シマトネリコ、スモークツリーなど）が迎えます。

鉢や小物で

🏠 髙橋邸

一つ一つにおもてなしの心

2 バラもさることながら、鉢や小物づかいが光るフロントガーデン。階段を上がるごとにそれらが一つ一つ目に飛び込んできます。

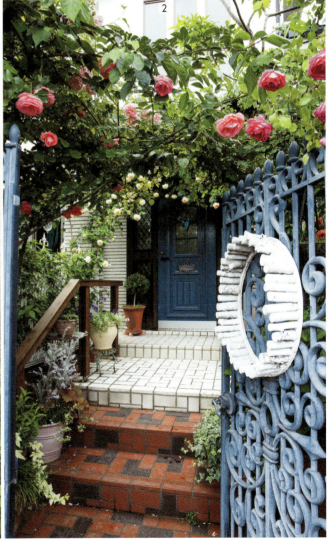

入り口はわくわく、ドキドキ

COLUMN

草花たちのお出迎え

🏠 島村邸

コンクリート面に緑を

もともとは植栽スペースがなかったところ。レイズドベッドには段差を生かして、草丈のある植物も植えられます。ご主人手づくりのポストで愛らしく。

アプローチの始まり

🏠 川島邸

ベンチや椅子の心遣い

訪ねてきた人に「お疲れさま。まずは一息入れて」のベンチが。アプローチ途中にも休憩用ベンチ。ゆっくり楽しみたいアプローチです。

CHAPTER 3. 76

門扉を飾る

🏠 瀬尾邸

様々な工夫を！

門扉にはハンギングバスケットが飾られています。お客様や通行人への配慮であるとともに、目隠しにもなっています。

テラスから門扉側を見る

アイデア拝借！

小さなカフェの入り口をちょっとまねては

個性的なドアにすうっと吸い込まれてしまいそうな両側の緑と階段。訪れる人の目も気持ちも引き寄せる空間です。

玄関前に大きなシンボルツリー。道路からの目隠しに

塀をつくっていないオープンな庭でも、ちょっと目隠ししたいところはあります。シンボルツリーを植える位置でそれを解決。

小さなスペースでも四季折々に表情を変えられる

道からエントランスへの階段の間に植物の緩衝地帯を。個性的な植物を植え、道行く人の目も楽しませています。

1 塀・フェンス　　**2** 道につながる植栽スペース

小さな植栽スペースはアイデア次第

植栽スペースをむやみに設置するわけにもいきません。どんなところに効果的な植栽が生まれるか、実例で見てみましょう。

― 1 塀・フェンス ―
初心者なら背景をつくるのがベスト。簡単に背景をつくれるという点でおすすめなのが、塀やフェンスの周辺です。

🏠 **水越邸**
枕木で遊ぶ
1 ランダムに設置した枕木の奥から植物をのぞかせました。大きく首を出すもの、そうでないものと、表情がぐっと豊かになります。

🏠 **瀬尾邸**
塀の内外と軒下をつないで
2 塀の外側のバラ、軒下のバラ、塀の内側の植物が一体化して深い緑に。ハンギングの植物もアクセントになっています。

CHAPTER 3. 78

🏠 平林邸

家と塀のテイストを合わせる

家の壁と塀のテイストを合わせておくことで、塀のキャンバスに描くものの色や形の制限がゆるくなり、自由な発想での表現が可能に。

🏠 グリーンコテージガーデン

門代わりの塀の下を
花壇にしてお出迎え

塀に比べて明るい色の植物を植えると、真っ先に目がいきます。大切に育てているものの定位置としてもよいでしょう。

🏠 ガーデンシェッド

囲いも家の一部

家の建物や塀のテイストに合った植物を這わせれば、建物も塀も植物も一体化します。花が咲く植物なら、花の時期は舞台のよう。

2 道につながる植栽スペース

塀の表側と内側の緑が重なって豊かな緑をつくることができるスペースです。道行く人、ご近所さんと交流を重ねるうちに、いつしかこの場所は町の風景の一部となっていくことでしょう。

1

2

通行人が愛でる

🏠 TM邸
ファンを多く持つ庭
1 歩行者が最寄り駅へ通り抜ける道に面しており、この植栽スペースのファンは老若男女に及んでいます。通勤・通学者を元気づける庭に。

🏠 瀬尾邸
近所の人たちのバラ園！？
2 角地に立つため、南面と西面の2面に植栽スペースを設けました。バラの開花は近所の皆が楽しみにしているといいます。

ヒューケラ / ジキタリス / ビオラ / ブラックオパールバジル / ビオラ

1

庭の一部として楽しめる

🏠 **TM邸**
塀の表と内で一つの庭に

1 家の周囲にまとまったスペースがなければ、塀の内側に大きな木を植え、オープンスペースに細かな草花を。一体化した庭になります。

🏠 **飯田邸**
庭の緑とつなげるために

2 高台にある家は法面(のりめん)が殺風景になりがち。道端に草花を植えることで、上方にある庭の緑ともつながります。草花はこぼれた種で増えます。

2

フロックス・ピロサ / シレネ / ペンステモン・ハスカーレッド / スイートピー・マツカナ / オルラヤ / ニコチアナ / ペルシカリア・アンプレキシコール / ヘメロカリス / スイートピー（ラシラス・サティバスアズレウム）

COLUMN

小さなスペース、みーつけた！

環境に合った植物を植えよう

1 セダム（モリムラ万年草）（緑色）
  ドラゴンズブラッド（赤）
2 オダマキ
3 ティアレラ
4 オルラヤ（中央）
5 ヤブラン（長い草）
6 エリゲロン
7 セダム
8 ヤマアジサイ（右）
9 ヒメウツギ
10 シャガ（長い草）

環境に合った場所でならどんどん増えていく

コンクリートの合間から出た植物が育っているように、植物たちは丈夫で健気。庭のちょっとしたスペースにも育つものがあります。ひとたび適した環境を見つけると、元気な姿を見せ続けます。

CHAPTER 4

4章
___

場所別
デザインテクニック

小道や花壇、植栽スペース、構造物など
より見映えのする庭にするための生かし方、つくり方を学び、
庭に「自分（たち）らしさ」や「世界観」で
味つけをしていきましょう。

小道をつくろう

TECHNIQUE 01

庭に物語を与えてくれるのが小道。材質やその並べ方によっていろいろな雰囲気をつくり出します。実例を見て、あなたの物語をつくってくれる小道の構想をしてみてください。

小技いろいろ

木を使って

温かな雰囲気を持つ木材。同じ木材でも枕木と硬質な木片ではまったく異なる世界観を持つ道になります。リニューアルの場合なら、元の庭にあった石や砂利などと組み合わせれば、庭の歴史を取り込んだ小道となってくれるはずです。

カーブをつくる

限られたスペースに広がりを持たせるカーブの小道。カーブをつくることで、小道の周辺の植栽スペースがさらに広がります。

縦に並べる

湿原の木道を思わせる小道。使える木の数が少ないときにも重宝します。周囲の下草の丈を少し高めにすると野趣あふれる雰囲気に。

CHAPTER 4. 84

芝生の間に

芝生の緑の小道にアクセントを加えます。小道のまわりは葉の形に表情のある下草を使い、緑の塊を意識しました。

小石と組み合わせる

横に置いた枕木の間に自然な小石を入れて山道のように。木漏れ日を浴びながらトレッキング気分を味わえます。

細く自然に

植栽で自然に空間ができていた場所に古い木の板を並べて。主張しないさりげなさが落ち着いたたたずまいを与えます。

不揃いの石と

庭のリニューアル後に出やすい不揃いの石も、こんなふうに利用すれば、表情のある小道にできます。

砂利と交互に

視覚的に楽しめる小道。庭の中のフォーカルポイントに。歩いたときの足裏の感触にも変化が出ます。

ランダムに並べる

ウッドデッキを設置した残りなど、材料に不揃いがあるときに使える方法。すき間などに自然に下草が伸び、ナチュラルな光景に。

斜めに並べる

ほぼまっすぐに続く細い小道。単調にならないようレンガは斜めに並べていきました。奥へ吸い込まれていくような感覚を与えます。

縦横に並べる

一般には縦横のどちらかに並べがちなので、意表をついた並べ方がユニーク。分かれ道をつくりやすい並べ方です。

> 並べ方、組み合わせ方で表情が変わる

レンガを使って

レンガの色や質感は様々です。どんなレンガを利用して、どんな並べ方をすると庭の雰囲気になじむか、施工前によく検討を。時間がたてばたつほど味わいが出てくるのが特長です。レンガとレンガのすき間の使い方によっても表情が変わります。

縦にカーブさせて並べる

道の先を想像させるカーブ。レンガを少しずらして並べ、カーブを描いていきます。

縦に規則的に並べる

列ごとに互い違いに並べがちなところをあえて、整然と並べています。庭にクラシカルな空気を呼び込む空間になりました。

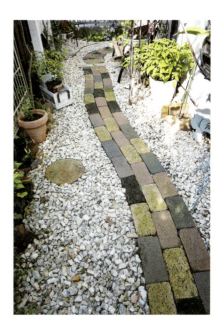

色違いで愛らしく

何種類かの色のレンガを組み合わせました。植物をあまり植えられない場所で、愛らしい雰囲気を牽引する小道となりました。

空いたところに植栽する

蛇行させた小道のまわりには下草を。暗い場所なら、下草はあまり高くなりすぎないようにしたり、斑入りの植物を使うとよいでしょう。

組み合わせ自由自在

レンガをオーソドックスに並べたなかに、正方形のタイルをところどころに配して、道に変化をつけています。

余ったかけらを組み合わせる

手元に残っている様々な長さ、幅、形のレンガを組み合わせています。この不揃いさがナチュラルな感じに仕上げています。

いろいろな小道

木や石など小道の資材の並べ方はほかにもいろいろ。実例を比較すると、表情の違いが一目でわかります。あなたの庭づくりの参考にしてみてください。

抽象絵画のように

乱切り石を並べ、小さな石の横にはレンガを流れるように配置。抽象絵画のような個性的な道になりました。

砂利の中にリズミカルに

明るい色の砂利のなかに丸い飛び石を配置。列を乱して置いた石がワンポイントになっています。

空きスペースにグラウンドカバーを

互い違いに埋め込んだ大理石の間にグラウンドカバーを植えました。高さのない世界で、緑と白の色の対比を見せています。

石を好きに並べて

法則があるようでない、ちょっと肩の力が抜けたような絶妙なバランスの小道です。マンホールのふたも目立ちません。

形合わせを楽しんで

様々な乱切り石を正方形になるように組み合わせています。形合わせの妙を楽しめます。つくって楽しい、歩いて楽しい道。

道と植栽スペースを融合

両側の植栽スペースギリギリまで道の石を置き、道と植栽スペースをうまく融合させている小道です。

ジグゾーパズルのように

建物の角に沿ってカーブする位置では乱切り石を散らし、ゆったりした空間であることを印象づけています。

雑木にはランダムが似合う

ランダムに石を並べ、空きスペースを埋めています。歩きながらちょっと立ち止まるスペースにもなりました。

小道をつくってみよう

レンガを使って小道をつくってみましょう。本格的につくるなら整地したあとにモルタルを敷いたり、レンガ同士の接着にもモルタルを使いますが、個人の庭ならそこまで頑丈なものである必要はありません。リニューアルや取り壊しも簡単にできるよう、モルタルを使わない方法を風（ふわり）・楠さんに教えていただきました。

STEP 1 深さは使うレンガ高の1つ半分に、幅はレンガを敷く分だけ土を掘り、小石や根をきれいに取り除きます。

STEP 2 レンガを敷く場所に川砂を入れ、板で平らにならします。

STEP 3 レンガを一つずつ並べていきます。並べるときは、レンガとレンガの間を目地分だけ空けておきます。

STEP 4 水準器で平らになっているかどうかを確かめ、川砂の増減で高さを調整し、レンガを並べます。

STEP 5 レンガを置いたら、ゴムハンマーでたたいて固定します。

STEP 6 同様にして、必要な長さになるまでレンガを並べます。

STEP 7 すべて並べ終えたら、川砂をレンガの上からまき、目地の間に砂を入れながらならしていきます。

STEP 8 ほうきではき、砂を目地の中にしっかり入れます。

STEP 9 レンガの小道が完成しました。水をかけておくと砂が引き締まります。

TECHNIQUE 02

花壇をつくろう

草花でいっぱいの庭にしたいときは、花壇をつくってスペースに区切りをつけましょう。庭にまとまりが出ます。

> 小技いろいろ

ゆったりとした花壇

花壇スペースをゆったりとれるときは、こぼれ種で増える一年草や宿根草をたくさん植えて、ナチュラルな空間を楽しむことができます。次の季節、一年後、三年後と少し先の花壇の様子をイメージしながら、花壇を整えていきましょう。

花の色はブルーと白を核に、鮮やかな色はそれを乱さない程度に抑えられています。

高さにメリハリを

奥に草丈が高くなるもの、手前に草丈があまり高くならないものを植えた花壇。高さの違いで空間にメリハリが生まれます。

好みの配色に

花の色は白、ブルー系を中心にし、黄色が差し色になるように植えた花壇。核になる色、ポイントになる色を決めるのも手です。

CHAPTER 4. 90

庭の条件に合わせて

庭は場所によって条件がいろいろです。光の当たり方、風の通り方、湿り気具合など、条件をよく観察して、それに応じた花壇をつくりましょう。

日当りのよい場所

日がたっぷりと当たり、手入れのしやすい場所なら、季節の花が楽しめる一年草を植えてみては。

庭の端のフェンスの下

たとえ南向きの庭でも、フェンスの真下は日が当たりにくいことがあります。半日陰でも花、葉の形や色を楽しんで。

コーナーをつくる

小道と同じレンガを使ってつくった花壇。バックに立てたラティス、中央に置いたコンテナ、手前のオブジェが植物を引き立てます。

塀の下の細長いスペース

塀の下もグリーンベルトにしやすい場所。道路に面した塀の外側なら、日も当たりやすく、道行く人にも楽しんでもらえます。

家の壁下を飾る

壁下は殺風景になりやすい場所です。背景になる壁の色にマッチする花や葉の植物を選びましょう。

囲む素材や形で表情を出す

花壇を囲むのに使う資材の使い方によっても、花壇の表情が変わります。素材や形のおもしろいものは、それだけで花壇の存在感をアップさせるでしょう。資材の置き方、並べ方を工夫することでも、つくり手の個性を発揮することができます。

素材で

1 あかり取り用のガラスブロックで囲いました。葉を旺盛に伸ばすギボウシの株元をきりりと引き締めてくれます。

2 アンティークレンガを縦に置いていきました。縦のラインが強調され、細長い葉を持つ植物がさらに魅力的に映ります。

形で

3 キューブ型のレンガを一つ一つモルタルでつないでつくった花壇。モルタルの幅がまちまちなのも、それが味になっています。

4 レンガを斜めに寝かせるように置いたことで、角が山形に続く囲みとなりました。手元にあるものでも工夫次第でおもしろくなる例です。

組み合わせで

5 自然石を半分以上土に埋め、頭をのぞかせた囲みです。小道の砂利にもとけ込んで、控えめな印象。植えた草花が生き生きと見えます。

実践編

花壇をつくってみよう

モルタルを使わない方法で花壇をつくってみましょう。ここでは軒下につくりました。雨が当たらず、乾燥しやすい場所につくったので、水切れをしないよう、水やりはこまめにたっぷりと。宿根草と一年草を混植しているので、キキョウやビオラなど、今回植えた一年草は花が終わったら、次の季節の花に植え替えましょう。

STEP 1 花壇をつくる場所の草を刈ります。石や根は取り除いておきましょう。

STEP 2 土をよくならします。

STEP 3 レンガを並べるところに川砂を均等にまきます。

STEP 4 レンガを並べます。カーブを描くため、バランスをみながら横に並べるところ、縦に並べるところをつくります。

STEP 5 水準器で平らになっているかどうかを確かめ、砂の増減で高さを調整し、レンガを並べます。

STEP 6 レンガを1段ならべたところです。2段め以降は前段と互い違いに重ね、3段重ねます。

STEP 7 レンガを3段重ね終えたところです。

STEP 8 花壇の中に土を入れます。ここでは市販の培養土を10袋（25ℓ入り）使いました（土づくりを自分で行う場合はp.112を参照）。

STEP 9 苗を植えます。最後にタマリュウを小分けにして、前面のレンガのすき間に植えます。

*使用した植物はハツユキカズラ、スノーボール、シロタエギク、ヤブラン、エレモフィラ・ニベア、タマリュウ
**苗の植え方はp.116、117を参照

レイズドベッドをつくる

レイズドベッドとは、床面を高くした花壇のことです。地面につくる花壇と比べて土の水はけがよく、高い分だけ日当たりも風通しもよくなります。植え替えなどの作業をしやすいのもメリットです。植物を入れ替えることで庭の印象もがらっと変えることができます。

背の低い植物を揃えたレイズドベッド。背景に置いた多肉の寄せ植えが光景を引き締めています。

石と緑で個性的に

薄めのアンティークレンガを積んでつくったレイズドベッド。垂れ下がってくる植物を入れると壁面も緑に。

庭の隅を花で彩る

地植えでは寂しい印象になりやすい庭の隅。床面を少し上げることで、植物がぐっと前に出てきて目につきやすいものとなりました。

◆実践編

レイズドベッドをつくってみよう

レイズドベッドは、一般にレンガなどでマス状の入れ物をつくり、そこに土を入れますが、ここでは入れ物のなかにプランターごと差し込む簡易式のものをつくります。レンガは花壇と同様、モルタルを使わずに重ねます。植え替えるときはプランターごと出して行えるので手軽。レイズドベッドのリニューアル、解体も簡単です。

STEP 1 レイズドベッドを設置する場所の雑草を刈り、土をよくならします。

STEP 2 レンガを並べるところに川砂を均等にまきます。

STEP 3 レンガを並べます。水準器で平らになっているかどうかを確かめながら、砂の増減で高さを調整し、レンガを並べていきます。

STEP 4 ある程度レンガを並べたところで、入れるプランターを置き、プランターのふちがかかるくらいの大きさになるよう、残りのレンガを並べます。

STEP 5 レンガを1段並べたところです。プランターのふちがかかる大きさに並べることができました。

STEP 6 2段め以降は全段と互い違いに重ね、5段重ねます。

STEP 7 レンガを5段重ね、プランターを入れたところです。

STEP 8 プランターの中に土を入れます。ここでは市販の培養土を3袋（25ℓ入り）使いました（土づくりを自分で行う場合はp.112を参照）。

STEP 9 苗を植えて完成です。

＊使用した植物はハツユキカズラ、キキョウ、ビオラ、ヤブラン
＊＊苗の植え方はp.116、117を参照

95

TECHNIQUE 03

植栽スペースをつくろう

何かで囲った花壇ではなくても、ちょっとしたところに植栽スペースをつくることができます。「こんなところにつくれる」というアイデアを紹介します。

塀や壁の下

ぽかっと空間ができてしまいやすいのが塀や壁の下。この部分も立派な植栽スペースになります。建物と庭をつなぐ働きをするグリーンベルトとして大切な存在に。環境に適した植物を植えましょう。軒下は雨が入りにくく、乾燥しやすい場所です。

高さの違う植物のほか、椅子を置いて変化をつけています。

バックの色に映える植物を

グレーの壁に映える白い花やシルバーリーフを多く入れた植栽例です。立体感も加わりました。

背の高い植物で変化を出す

横ラインが強調されるウッドフェンスに対して、縦ラインを力強くしたトクサの植栽例です。

土台の汚れの目隠しに

家の基礎部分に雨のはね返りが起こって汚れが目立ちやすい場所。植物でカバーします。

CHAPTER 4. 96

木の下、縁の下

木の下や縁の下の前側も、ぽっかり空いてしまいやすい場所の一つです。その場の環境はもちろんのこと、雰囲気をアップさせる植物選びを心がけるとよいでしょう。ここで紹介した実例を見ながら、それがなかった場合のことも想像してみてください。存在価値に驚かされます。

色に違いのあるカラーリーフや、細長い葉のグラス類を効果的に配しました。

木の根元に山野草

雑木の足元には山野草。定番の組み合わせはやはり落ち着きます。ここではクリスマスローズを。花期が長く、葉もすてきです。

木の下にかわいい草花

駐車場に設けた木の植栽スペース。木だけでなく足元にかわいらしい花や葉の植物で満たし、ほっとした空間に仕上げました。

縁の下には風になびく草を

縁台から続く空間。重たい雰囲気にならないよう、斑入りで動きを感じさせる葉のグラスを植えています。

木の根元の土を隠す

株立ちの木の根元と芝の間には土が露出しています。この部分に下草を植えて、芝と木の間をつなぎました。

TECHNIQUE 04
構造物の生かし方

美しいシーンを演出するには、構造物の力を借りましょう。小さい庭にこそ、構造物の果たす役割は大きくなります。

パーゴラ&ガゼボで奥行きを出す

パーゴラとは格子状に柱を組み合わせてつくった構造物、ガゼボとは洋風の東屋。立体的に風景をつくることができ、庭に奥行き感を与えます。その下にくつろぎスペースを設けることもできます。

駐車場の屋根代わりに

駐車場にパーゴラをつくり、つる性のバラを這わせています。華やかなフロントガーデンになりました。

つる性植物を這わせて立体的に

アイアン製のガゼボ。バラやハンショウヅルなどを這わせ、下に椅子を置きました。緑に包まれたひとときを過ごせます。

アーチはつる性植物の最高の見せ場です。

プライベート空間をつくる

パーゴラの下にはベンチを置き、お気に入りの鉢やオーナメントで飾っています。周囲からの視線を感じずにくつろげる場所に。

狭い通路の屋根代わりに

通路を覆うようにつくったパーゴラ。つる性植物を這わせ、通路の屋根のようになりました。屋根でも光はたっぷり通します。

門の代わりに

メインガーデンの入り口にアーチを設けました。門ほど圧迫感はないのに、入り口であることがしっかり伝わります。

手づくり感あふれて

整地するときに出た木材を使ったパーゴラ。コツコツと手づくりした、庭の象徴となるアイテムです。

庭のテイストに合わせてペイント

次々とアーチをくぐっていくような気分になるパーゴラをブルーにペイント。海辺のリゾートをイメージした庭を演出しています。

Pergola & Gazebo

ブルーにペイントされたアーチ状のパーゴラ。緑の景色にぴりっとした差し色を加えています。

庭の奥へ続く階段の入り口にアーチを。ここから場面が変わることを歩く人に知らせてくれる役割を果たしています。

ウッドフェンス前に、同じテイストの木材を使ったパーゴラを。一体感があり、這わせた植物と地植えの植物がつながります。

💡 参考にしてみよう

構造物をうまく取り入れた例を紹介します。背景との関係や、構造物につながる風景など、ぜひ参考にしてみてください。

柱3本でつくったパーゴラ。省スペースで、放射状になった天井のラインが、空間にさらなる広がりを与えています。

小道のゴール地点に設けられたパーゴラ。下にベンチをつくり、しばしの休憩タイムを誘います。

ガーデングッズの収納小屋

ガーデニンググッズを収納する木製の小屋を「ガーデンシェッド」といい、収納とフォーカルポイントの両方の役割を果たしています。最初につくれば、小屋に合わせた庭になっていき、最後につくれば自然に庭に合った小屋になります。

機能性とデザイン性

よく使うものは建物の外に「見せる収納」を。機能性とデザイン性を兼ね備えた小屋となりました。

庭全体にとけ込むように

ニュアンスたっぷりの小屋。ウッドフェンスに這わせたつる性植物が流れるように屋根を覆います。

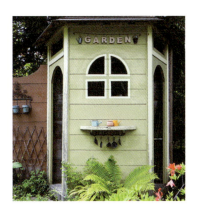

明るくペイントして

隣接した針葉樹林の暗さに映える明るい色の小屋。ファンタジーな雰囲気を持つ庭のまとめ役に。

小屋の存在は庭に物語をプラスします。

TECHNIQUE 05 植物の見せ方を工夫する

小さい庭であるからこそ、限られた植物に力を発揮してもらいたいもの。植物をより魅力的に見せる方法を見てみましょう。

コーナーをつくる

まずは、コーナーをつくって植物と雑貨、背景をすてきにスタイリングすることから始めてみましょう。このワザを磨き、コーナーを少しずつ増やしていくことで、庭全体のスタイリング力もアップしていきます。参考になるものは取り入れてみてください。

お気に入りのコーナーをつくる

作業台上の空間に、お気に入りの寄せ植えやハンギングを集めています。

椅子や小物で楽しくデコレーション

壁面や段差を利用したコーナー。椅子がフォーカルポイントになっています。

手づくりの飾り棚

テラスの隅に飾り棚を設置。棚には鉢を入れ、季節によって植物を入れ替えています。

吊るしたり、かけたり、置いたり……。立体的に演出しています。

CHAPTER 4. 102

無造作でもセンスが光る

3のレイズドベッドカバーの裏側。ここでも無造作に配された植物のセンスのよさに脱帽。白と緑と茶色のバランスが絶妙です。

植物と小物と鉢のコラボ

フェンス下、縁の下が交わる難しい場所ですが、しなやかな枝と小花、下草、小物で見事な見せ場につくりあげています。

小さなディスプレイ

1 アンティークのアイアン椅子の上にクリスマスローズの鉢を。さびの風情に似合う鉢を配しています。
2 ウッドデッキに置いた多肉の寄せ植え。美しい色の石でスペースを強調し、多肉のモコモコ感につながるマツボックリなども合わせて。
3 自作のコーナー棚。レイズドベッドにカバーをつけたものです。鉢を無造作に置いた感がすてき。
4 小さなコーナーには、アンティーク風なジョウロに庭の植物をあしらいました。背景の額縁もポイントに。
5 園路の施工で余った大谷石を花台に。かごや華道用水盤など、周囲の雰囲気に合う植え鉢のチョイスが見事。

> 外に置く

鉢のアイデア

鉢のチョイスにもスタイリング力が問われます。すてきな鉢はそれだけでフォーカルポイントになります。とはいえ、庭の主役は植物たちですから、決して出すぎず風景になじませるのが肝心。難しいですが、実例を参考にしてみてください。

木を植える

庭に木を植えるスペースはありますが、あえて鉢にも。木の根元には垂れる植物を。鉢の手前にも下草を植え、庭とつなげています。

水鉢に

水やり用にも使う水鉢。水面を覆わない程度に水生植物を入れました。そばに置いたひしゃくもポイント。

水分を好むもの

水分を好む植物を水差し風の鉢に植えました。多めの水やりが必要ですが、多すぎた水は外へ排出させることができます。

フロントガーデンにも

季節の花を育てている鉢やコンテナは、花盛りを迎えたら、フロントガーデンに移動。お客様や道行く人を楽しませます。

CHAPTER 4. 104

Potted Plants

💡 奥が深い鉢の世界

移動が楽な鉢は、あちこちに置いて楽しめます。
鉢と植物、置き場所の組み合わせを楽しんでみましょう。
鉢の中にも庭が凝縮されています。

野草を
カゴに放り
込んで

かわいい
ミニミニ

1 かごにどっさり野菜が入っているような雰囲気で、多肉植物が植えられています。
2 小さなアンティークの水差しに鮮やかな多肉植物が映えます。
3 花が可憐な球根植物を小さな鉢で。庭の世界をコンパクトにまとめた感じです。
4 階段の段差を生かして垂れ下がって伸びる植物を。斑入りの葉が白い背景に映えています。
5 ヤナギのような枝が真下に伸びるディスキディア ヌンムラリア。

下に
垂らして

部屋に
吊るして

お部屋に
飾って

6 植物が鉢からあふれ出したかのようなハンギング。フォルムや色使いがすてきです。
7 6のハンギングの上にはさらにウォータープランツのハンギング。
8 多肉植物の鉢をアンティークのケーキスタンドに。植物も鉢もスタンドも色の系統を統一。
9 丸葉がキュートなペペロミア ジェイドの鉢。窓枠の色に合わせた鉢を選んでいます。
10 花台に置かれた鉢から見える緑のバランスが絶妙。小物と植物の相性も抜群です。

COLUMN

芝の張り方

芝は種まきをして育てる方法もありますが、マット状の苗を張っていく方法が手軽です。高麗芝などの日本芝の芝張りなら、春から初夏にかけてが適期。日当たりと風通しのよいところに張りましょう。

STEP 1　スコップやホーなど整地道具、ホウキ、目土、芝苗（切り芝）を用意します。

STEP 2　約10cm掘り返し、小石や雑草の根などを取り除き、土の表面を平らにします。

STEP 3　芝を張る場所に目土（ここでは緩行性の肥料が含まれています）を入れて敷きます。

STEP 4　芝を張る位置すべてに目土を敷いたところです。

STEP 5　切り芝を1枚ずつ並べます。

STEP 6　少しすき間をあけながら、切り芝を順に並べていきます。

STEP 7　芝を張りたい場所に切り芝を並べ終えたところです。

STEP 8　切り芝の上から目土をかけ、余分なところは掃き、たっぷり水やりをします。

＼できあがり／

CHAPTER 5

5章

庭づくりの基礎と
植物の手入れ法

庭づくりに必要な道具や最低限、知っておきたいことをまとめました。
せっかく植えた植物たちも生き生きと育ってこそ
すてきな庭となります。
慣れてくれば、手入れも楽しみの一つになることでしょう。

【 庭づくりの基礎 】

ガーデニングツール① 植物の手入れツール

Tools for gardening

🔧 土づくり

1 **移植ゴテ**
 苗や球根を植える穴を掘ったり、少しの場所を耕したりするのに使います。

2 **ミニ移植ゴテ**
 さらに小さなところで活躍する移植ゴテ。小さな鉢での作業に便利です。

3 **ふるい**
 土をふるうほか、土から石やゴミを取り除くのにも使います。

4 **ハンドフォーク**
 かたい地面を掘るときに、土をかいてやわらかくするのに使います。

✂️ 切る

1 **剪定バサミ**
 直径2cmくらいまでの枝なら切ることができます。刃先が尖っているものは密な部分に。

2 **ノコギリ**
 直径2cm以上の枝を切るときに使う、片刃で細身のノコギリ。わずかなすき間でもOK。

3 **刈り込みバサミ**
 庭木や生け垣の形を整えながら切るときのハサミ。両手で持ち、滑らせるように使います。

4 **高枝バサミ**
 高いところの枝を切ったり、果樹を収穫したりするときに使うハサミです。

How to use
── 移植ゴテの使い方 ──

先をうまく使って
掘るときは移植ゴテの先を突き刺すようにして使います。土中に根があるときは傷つけないように注意して使います。

目盛りがあるものも
球根を植える穴を掘るときなど、ある程度深めに掘るときに、どのくらいの深さまで掘ったかを知る助けになります。

植物を育てたり、手入れをしたりするのに使う道具を紹介します。必要なものを必要なときに少しずつ揃えていけばよいですが、自分のお気に入りがあると、庭に出るのが楽しくなるでしょう。次第に手になじみ、なくてはならないものとなることでしょう。

🪣 水やり

1 **ジョウロ**
水や液肥を与えるときに使います。ハス口の目が細かく取り外しができるものがベスト。

2 **水差し**
狭い部分に水をかけられるので株元や葉だけにかけるときや、鉢にかけるときに便利です。

3 **散水ホース**
移動や収納しやすいリール式が便利。一時止水や水量調節可能なヘッドもあります。

🌿 その他

1 **ガーデングローブ**
専用のものは、土やトゲがある植物に触れるときも安心して使えます。

2 **ひも**
支柱を固定したりなどなにかと便利。庭用のものを手近なところに置いておきましょう。

3 **噴霧器**
薬剤を霧状にかけることができます。園芸用の手軽なものも揃っています。

4 **ラベル**
植物の名前や植えた日付などを書いておきます。翌年の植栽計画にも役立ちます。

How to use
── ハンドフォークの使い方 ──

株元に差し入れる
根を傷つけずに植物を掘り起こすことができます。まず、株元をすくえる位置にハンドフォークを差し入れます。

持ち上げる
てこの原理で、そのままハンドフォークの先を持ち上げると株ごと引き上げられます。除草作業にも使えます。

【 庭づくりの基礎 】

ガーデニングツール ② 庭づくりツール

Tools for gardening

🔧 スコップ・クワ・レーキ

1 ホウキ
竹ボウキは落ち葉を集めるときに。ナイロンやシュロのものは地面をならすのに使えます。

2 スコップ
先が尖ったものと四角形のものがあり、土を掘り起こしたり耕したりするときに使います。

3 クワ
土を耕したり、ならしたり、土を盛ったりするときに使います。刃形はいろいろあります。

4 ホー
立ちガマともいいます。土をならしたり寄せたりしながら、除草ができます。

5 レーキ
くしのように何本かの刃が並んでいます。土を耕したり、ならしたりします。

6 槌
樹木を支える支柱などを打ち込むときに使います。

7 支柱
支えが必要な樹木を固定するのに使います。低木や草花用の支柱もあります。

How to use
スコップの使い方

体重をかける
スコップを地面に垂直に立て、利き足をスコップの肩にのせます。体重をかけながら、土に深く差し込みます。

土をすくう
スコップの柄を倒し、根元を支えて持ち、てこの原理を使って土を掘り上げます。

CHAPTER 5. 110

庭づくりを自分で行う場合、または造園家がつくったものを引き継いで管理していく場合にも、最低限の庭づくり用品は揃えておくとよいでしょう。DIY派ならパーゴラや作業台なども庭の雰囲気に合わせて手づくりするのも楽しいものです。必要なものを少しずつ揃えていきましょう。

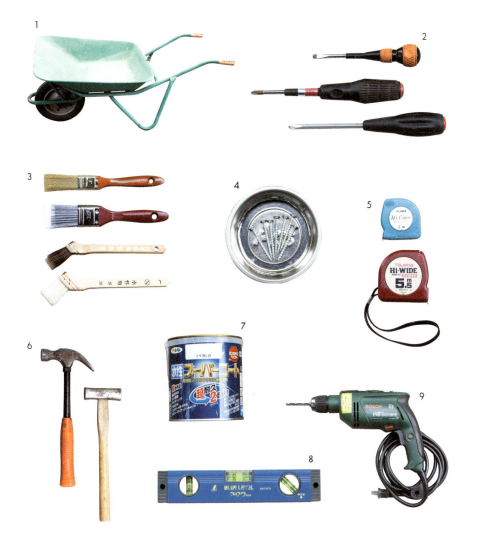

DIY用品

1 一輪車
資材や剪定した枝などを一度に運ぶのに、重宝します。

2 ドライバー
ガーデン家具を組み立てたり、手づくりしたりするときに使います。

3 ハケ
ペンキを塗るときに使います。ペンキの性質に合ったものを用意しましょう。

4 クギ
ハンマーとともにいくつかのサイズのものを用意しておきましょう。

5 メジャー
花壇などを設置する際、設置面のサイズをはかっておくと、資材の必要数がわかります。

6 ハンマー
家具などをつくるほか、ちょっとした補修にも。ゴム製のものはレンガワークに使います。

7 ペンキ
ガーデニング家具や鉢などを、自分流に塗ると雰囲気がアップします。

8 水準器
水平や垂直を確認する道具。レンガを敷いたり積んだりするときに必要です。

9 電動ドリル
先端についているビットの交換により、ドリル、ドライバーとして使えます。

How to use
ホーの使い方

耕す・ならす
土を耕したり、ならしたり、一般的なクワと同じように使えます。3辺とそれぞれの角をうまく使いましょう。

除草する
刃を起こして使うと、除草もできます。除草しながら整地でき、1本あればたいていの整地作業が可能です。

【 庭づくりの基礎 】

植物がよく育つ土づくり

How to make the soil

土の性質を確かめ、必要なら改良を

植物は土に根を張り、土の中から水分や養分、酸素を吸収します。土に適量の水分があり、植物にとってよい栄養分を含み、通気性のいい土にしておくことが必要です。庭の場合、すべての場所を整える必要はありませんが、植物を植えるところ、植える予定のところは土の性質を知って、必要なら改良をしておきましょう。土を改良するときは、基本用土に改良用土をブレンドします。初心者なら、すでにブレンド済みでそのまま使える培養土がおすすめ。多くは元肥（植え込み時に与える肥料）が含まれていますが、そうでないものもあります。安価なものには粗悪品もあるので気をつけましょう。

市販用土のいろいろ

基本用土

黒土	有機物を含み、保水性はよいが、通気性・排水性が悪いため、改良用土や肥料を足す必要がある。
赤玉土	火山灰土を乾燥させて粒状にしたもの。通気性、排水性、保水性にすぐれている。
鹿沼土	軽石質の黄色い粒状の土。通気性、排水性に富むが、酸性を好む植物に。
真砂土	花崗岩が風化した土。保水性はよいが通気性が悪く、栄養分もないため、改良用土や肥料を足す。
軽石	火山性の砂礫。通気性、排水性にすぐれ、鉢底石にしたり土に混ぜて使用することも。

改良用土

たい肥	バークチップ（樹皮）や牛ふんなどを発酵させたもの。
腐葉土	広葉樹の落ち葉を腐らせたもの。通気性、保水性はすぐれているが肥料としては不十分。
ピートモス	水ゴケが堆積して泥炭化したもの。通気性、保水性にすぐれパーライトやバーミキュライトなどと組み合わせて使われる。
もみ殻くん炭	もみ殻を炭にしたもの。通気性、保水性にすぐれ根腐れ防止に使う。アルカリ性なので酸性土と混ぜて。
パーライト	真珠岩から人工的につくられた砂礫。通気性、排水性にすぐれ軽い。
バーミキュライト	蛭石（ひるいし）を高温で膨張させた人工用土。軽く、通気性、保水性にすぐれている。
珪酸塩白土	珪藻土を高温で焼いた粒状の用土。根腐れ防止や発根促進に使う。
ゼオライト	多孔質のため、通気性、排水性、保肥性にすぐれ、根腐れを防ぐ。

🔍 わが家の庭の性質を調べてみよう

［排水性］

雨上がりに庭の土をさわってみましょう。水たまりができていたり、土の湿り具合をみると、水はけがよいかどうかがだいたいわかります。晴れた日に少し土を掘って水をかけてみても、おおよその様子がわかるでしょう。

［酸性度］

多くの植物はpH5.5～6.5程度の弱酸性の土を好みます。酸性度が高くてもアルカリ度が高くても養分や微量要素の吸収が悪くなるので、酸度測定液などでチェックしておきましょう。

酸度測定液で調べてみました！

測定する場所の土と水道水を混ぜ、上澄み液で調べます。酸性が強いほど赤みが強く、アルカリ性が強いほど青みが強くなります。写真は弱酸性。植物に適した酸度の土壌です。

庭で生き生きと植物を育てるためには、土台となる土が豊かでないといけません。まずは自分の庭の土の状態を知り、植物が元気に育つ環境づくりをしていきましょう。この作業をしておくことで、花も長く、美しく楽しむことができます。

庭の土づくり

土が酸性に偏っているときは

庭土が酸性化しているときは、石灰などの土壌改良材で調節します。pHを1.0上げるには10ℓにつき10g程度すき込みます。植物を植える1カ月前までには行っておきましょう。

排水性が悪いときは

水はけが悪い土は根が腐りやすいので、なるべく深くまで耕し、水はけのよいピートモスやパーライトを入れ、たい肥など有機質のものを加えましょう。

土の質を改善したいときは

やせた土地の場合は土の質を向上させます。植物を植える場所の土をよく耕し、たい肥や腐葉土を1㎡あたり10〜20ℓ程度まいて、まんべんなく混ぜます。

客土をするときは

造成地など改良が難しいところでは、客土をするのも一法です。30〜50cmくらい掘り、その部分に新たに質のよい土を入れます。花壇などは囲いの中にすべて良質の土を入れても。

鉢植え用の土づくり

*設置場所は山が近く、虫の多いベランダ

STEP 1
パーライト、バーミキュライト、防虫効果のあるニーム入りたい肥に粉末の薬剤を混ぜました。

STEP 2
化成肥料を入れて、よく混ぜます。

STEP 3
根腐れを防止し、保肥性を高める珪酸塩白土を入れます。

STEP 4
さらによく混ぜて完成。鉢を置く場所の環境に応じて、必要なものを混ぜてつくります。

【 庭づくりの基礎 】

肥料を施す
Fertilizer

肥料は植物にとってとても大切な栄養分です。とはいえ、多く与えればいいというものでもありません。与えすぎると根が傷んだり、病気になりやすくなったりします。その植物にとって適切な時期に、適切な量だけ与えることが肝心です。

植物に応じて使い分ける

植物が育つうえで不可欠な栄養分は、窒素（N）、リン酸（P）、カリウム（K）で、肥料の三大要素と呼ばれています。窒素は葉、茎、枝、根を大きく生長させます。リン酸は花や実に効くもので、花つき、実つきをよくします。カリウムは根や茎を丈夫にするものです。成分比がいろいろなので、育てる植物に適したものを選びましょう。市販の肥料には必ず配合割合が記されています。

肥料はいろいろな分類で呼ばれるので、整理しておきましょう。成分によって有機質肥料、化成肥料に分けられます。与える時期によって元肥（植えつけるときに与える）、追肥（生育に応じて追加で与える）に分類されます。肥料の形態によって液体肥料、固形肥料に区別されます。効き方によっては速効性肥料、緩効性肥料に分けられます。

施し方

[樹木]

花が終わったあと施肥します。肥料が株に直接触れないよう、木の中心から円形になるように（葉が茂っているいちばん外側の真下に）数カ所穴を掘ります。

各穴に固形の緩効性肥料（写真は油かす）をひとつかみずつ入れ、土を埋め戻します。

[草花]

固形肥料は株から少し離した場所に埋め、液体肥料はジョウロの水に溶かし、灌水時に。粉状のものは灌水前に与え、直後に灌水をします。

肥料の種類と使い方

種類	特徴	効き方	使い方
有機質肥料	油かす、骨粉、牛ふん、鶏ふん、たい肥、草木灰など動植物を原料とした肥料。植物や環境にやさしい。	ゆっくり長く効く	元肥・追肥
化成肥料	化学的に合成してつくられた肥料。速効性のものと緩効性のものがある。種類が多いので目的に合わせて使用。適量を守って使う。	固形 … ゆっくり長く効く 粒・粉状 … 比較的早く効く 液体 … 早く効く	固形 … 元肥・置き肥 粒・粉状 … 元肥・追肥 液体 … 追肥

【 植物の手入れ法 】

植物の種類
Types of plant

植物は下図のように分類されています。それぞれの植物に応じた環境を調べたり、植物の性質を調べたりするときは、この分類が大切になってきます。庭をデザインするにあたっても、それぞれの植物はどこに何本くらい入れるかなど、考える目安になります。

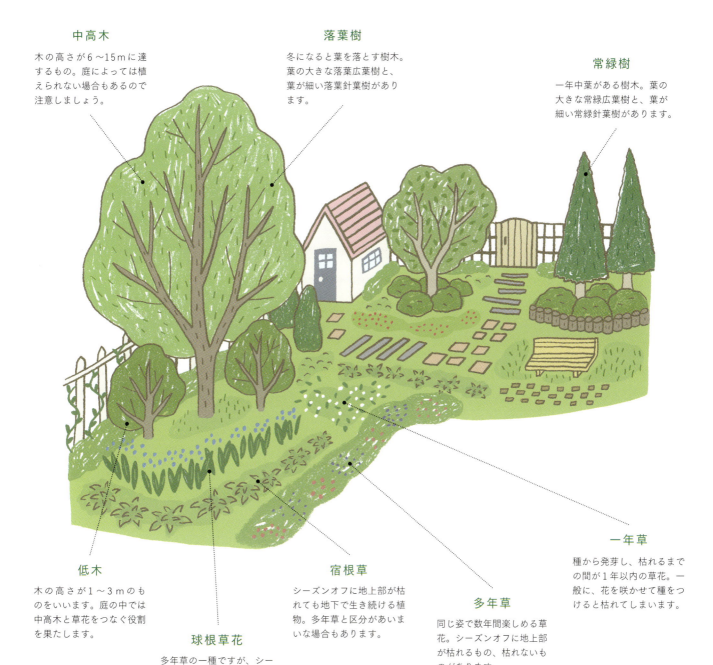

中高木
木の高さが6〜15mに達するもの。庭によっては植えられない場合もあるので注意しましょう。

落葉樹
冬になると葉を落とす樹木。葉の大きな落葉広葉樹と、葉が細い落葉針葉樹があります。

常緑樹
一年中葉がある樹木。葉の大きな常緑広葉樹と、葉が細い常緑針葉樹があります。

低木
木の高さが1〜3mのものをいいます。庭の中では中高木と草花をつなぐ役割を果たします。

球根草花
多年草の一種ですが、シーズンオフには地下で養分をコブ状にためているものをいいます。

宿根草
シーズンオフに地上部が枯れても地下で生き続ける植物。多年草と区分があいまいな場合もあります。

多年草
同じ姿で数年間楽しめる草花。シーズンオフに地上部が枯れるもの、枯れないものがあります。

一年草
種から発芽し、枯れるまでの間が1年以内の草花。一般に、花を咲かせて種をつけると枯れてしまいます。

【 植物の手入れ法 】

一年草
Annual plants

色とりどりの花を咲かせるのが魅力的な植物です。こまめな手入れが必要で、生育期間が短いため、こぼれ種で増やし、自然なままにしておく場合以外は植え替えも必要ですが、その分、季節感を感じさせてくれる植物です。

選び方

初心者の場合は種をまいて育てるよりは、苗を購入して育てるほうが失敗がありません。ポットに入った苗を購入する場合、茎がしっかりしていて節と節の間が詰まっているものを。葉も生き生きしていて枯れ葉のないものを選びましょう。虫がついていないかどうか確認しておくことも大切です。出始めよりは植えつけ適期のほうが品種も多く、よい苗が揃っています。

手入れのポイント

生長が早いので肥料を切らさないようにしましょう。花を咲かせる直前や咲き始めてからは1週間～10日に一度くらい、水やりのついでに液体肥料を与えるとよいでしょう。花のつき方が違ってきます。花が終わったら種ができる前に花から摘みを。植物は子孫を残そうと、次々に花を咲かせます。花が終わったらそのままにしておかず、早めに次季の植物に植え替えをしましょう。

種のまき方

STEP 1
鉢に培養土を入れます。

STEP 2
指先で穴をあけ、種を3粒入れます。

STEP 3
種の上に土をかけます。苗が大きくなったら間引きを兼ねて鉢を変えるか地植えをします。

植え方

STEP 1
植える位置にポットよりひとまわり大きい穴を移植ゴテで掘ります。

STEP 2
培養土を穴の底とまわりに入れます。

STEP 3
ポットから出した苗を入れ、土を埋め戻します。花が咲いているので根は崩さないように。

【 植物の手入れ法 】

宿根草・多年草
Perennial plants

一度植えると、その場所で毎年花を咲かせてくれ、四季が巡ってきたことを実感させてくれる植物です。手間がかからない植物なので、植える場所をよく考えて、一年草と共存させるとよいでしょう。大きくなった株は株分けが必要です。

選び方

苗で販売されている場合、花が咲いている状態のものと花が咲いていない根株のものがあります。すぐに花を楽しみたいときは前者を、じっくりと育ててから花がつく喜びを味わいたい場合は後者を。花がついているものは、花の数に惑わされずに元気な葉がたくさんついているものを選びましょう。花のない時期も長いので、一緒に植える植物との組み合わせも考えて選びます。

手入れのポイント

シーズンオフに地上部が枯れるものは、花が終わったときに花がら摘みをし、地上部が枯れるまで待ち、枯れてから地際から切り戻して（茎を切って）おきます。休眠中の間、施肥は必要ありませんが、水やりは5日に一度くらいは続けます。地上部が残るものは、花が終わったら花がら摘み、施肥をし、混み合う部分は切り戻しをしておきます。3年に一度くらい株分けを。

植え方

STEP 1
スコップで穴を掘り、穴の底と周囲にたい肥を入れます。

STEP 2
宿根草の株を穴に入れます。

STEP 3
たい肥を穴と苗のすき間に入れます。

STEP 4
たい肥と土をかけ、宿根草の株を植えつけました。

宿根草を植える位置

① エレモフィラ・ニベア
② シロタエギク
③ ヤブラン
④ ノースポール
⑤ タマリュウ
⑥ ハツユキカズラ

宿根草は長く植えたままになります。花壇に植えるときはほかの一年草の植え替えのじゃまにならない場所に植えましょう。

【 植物の手入れ法 】

球根草花

Bulbous plants

秋に植えて春に花を咲かせるもの、春に植えて夏から秋に花を咲かせるものがあります。花が咲くまでの養分は自分で蓄えており、施肥は不要で育つ間もほかの植物に比べて手間がかかりません。初めて植物を育てる人におすすめです。

選び方

球根の表面に傷やくびれがないか、しなびていないか確認します。表皮につやがあり、持ってみたときにしっかり重みを感じるものがよいでしょう。店頭に長く並べられていたものは乾燥して球根が傷んでいることも。分球しているものも避けましょう。バラで売られているものとネットでまとめて売られているものがありますが、まとめ売りのものも可能な限り確認を。

手入れのポイント

球根に肥料は必要ありません。水やりも根、芽が出るまでは不要です。過度に水分を与えると球根を腐らせてしまうことがあります。球根植物はある程度寒い環境を経験することで生長するため、屋外で育てましょう。ただし、霜にあたると根が傷むので霜よけを。花が終わったあとはカリウムの多い追肥をしましょう。葉が枯れたら球根を掘り上げて日陰で乾燥させます。

球根の植え方

STEP 1
水はけがよく保水性のよい土に植えます。まず大きめの球根の3分の一を土に埋めます。

STEP 2
間を離してもう一つ入れます。

STEP 3
土を2〜3cmかけ、次の段に小さめの球根を入れます。

STEP 4
群生して咲くタイプの植物の場合は同じ場所にまとめて入れてもOKです。上に土をかけます。

注意！

球根をネットから出すときはラベルの上に置きましょう。植えるときに何の球根か、何色の花が咲くかなどの情報が必要ですから、わからなくならないようにすることが大切です。

貯蔵の方法

花が終わって葉茎が枯れたら掘り上げます。風通しのよい日陰でよく乾かしたら、ネットなどに入れて次の植えつけ期まで冷暗所で保存します。春植えの球根のなかには乾燥を嫌うものもあるので、ラベルの取り扱い事項に従いましょう。

【 植物の手入れ法 】

樹木
Trees

庭に木があることで、落ち着きが感じられます。狭い庭でも工夫すれば木を植えることは可能です。一度植えるとなかなか植え替えは難しいものです。枝が暴れやすいか、生長が早すぎないかなど、将来のことまでよく考えて選び、適切な場所に植えましょう。

選び方

小さな苗木はポットや鉢などに入れられ、大きな木は麻布で根巻きをした状態で販売されています。根がむき出しになっているものは傷んでいることがあるので避けましょう。根がしっかりしていて覆いのふちまで細根があふれているものが望ましいです。一周すべて見て、葉や枝がついていない箇所がないかどうかも探しましょう。庭に合った枝ぶりのものを選びます。

手入れのポイント

草花に比べてまめに手入れをする必要はありません。よく伸びる木なら、夏に伸びすぎた枝をすぐ剪定をします。大きな枝の剪定は落葉してから、翌春に活動を始めるまでの間に行いましょう。伸びていく方向に影響しない枝、混み合った枝を落とします。風通しよくしておくことが病害虫の予防にもなります。病害虫被害を見つけたら早めに取り除き、それぞれの対処を。

樹木の植え方

STEP 1
根鉢*よりもふたまわり大きく、底は10cm深く穴を掘り、穴の周囲にバークたい肥をまきます。

STEP 2
穴の中に根巻きをしたまま木を入れ、木の向きを調整し、根鉢の肩まで土を埋めます。このとき掘った土とバークたい肥を混ぜながら埋めます。

STEP 3
根鉢に直接かからないように、水をまわりから入れます。これを「水決め」といいます。

STEP 4
根鉢の隅々まで水を入れます。水と土の粒子が根鉢にまわって、すき間を埋めるためです。

STEP 5
残りの土でまわりに土手（水鉢）をつくります。

STEP 6
最後に土をかぶせます。

*根鉢…根とそのまわりについている土

【 植物の手入れ法 】

ガーデニングカレンダー 春〜夏

Gardening calender / Spring-Summer

5月	4月	3月

春まき草花の種まき

草花の挿し芽

宿根草の追肥

宿根草の植え替え・株分け

落葉樹の剪定

落葉樹の植えつけ・植え替え

樹木の挿し木

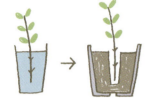

春植え球根の植えつけ

常緑樹の剪定

常緑樹の植えつけ・植え替え

病害虫対策

バラ 新苗の植えつけ

バラ 花後の剪定　　バラ 芽かき

バラ シュート処理

CHAPTER 5. 120

春から夏にかけては植物がとても元気な時期。種まきや植え込み、施肥、花の手入れなど
やらなければいけないこともたくさん。ジメジメする梅雨対策、夏の暑さ対策もしっかり
行いましょう。水やりの回数や時間にも注意を。

8月	7月	6月
		多年草の切り戻し
	樹木の挿し木	
夏植え球根の植えつけ		
	一年草の追肥	
	夏・秋植え球根の掘り上げ	
	樹木の追肥	
	梅雨対策	
暑さ対策		
		除草

| バラ 夏の剪定 | | バラ お礼肥 |
| バラ 夏の追肥 | | バラ 挿し木（緑枝ざし） |

【 植物の手入れ法 】

ガーデニングカレンダー　秋〜冬

Gardening calender / Fall-Winter

| 11月 | 10月 | 9月 |

秋まき草花の種まき

秋植え球根の植えつけ

樹木の挿し木

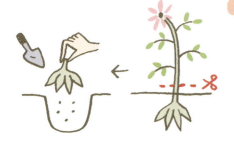

春植え球根の掘り上げ

宿根草の植え替え・株分け

寒さ対策

病害虫対策

バラ　花後の剪定

バラ　シュート処理

CHAPTER 5. 122

涼しくなってきたら翌春に向けての準備が忙しくなります。紅葉を楽しんだあとは樹木の剪定も。
落ち葉はきも大変ですが、それも毎年の風物詩となじんでいくことでしょう。

| 2月 | 1月 | 12月 |

- 宿根草の植え替え・株分け
- 落葉樹の剪定
- 落葉樹の植えつけ・植え替え
- 樹木の挿し木

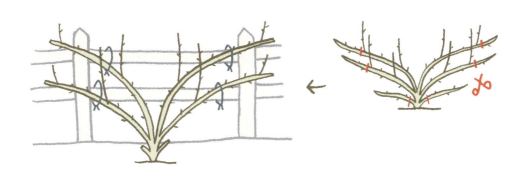

- バラ 大苗の植えつけ
- バラ 冬の剪定、つるバラの誘引
- バラ 寒肥
- バラ 挿し木（休眠ざし）

【 植物の手入れ法 】

植物のふやし方

How to increase plants

植物をたくさん育てていると、すべて購入していてはコストもかかります。植物のなかには自分で簡単にふやせるものもあるので挑戦してみましょう。分球、株分けは植物の手入れの一つでもあります。分けたものはまた大きく育てていく楽しみがあります。

挿し木

意味合い的には挿し芽と変わりません。木の枝の先を挿し芽と同様にふやすことを挿し木ということもあります。

STEP 1

剪定時に切った若い枝の先2～3節を挿し木にします。

STEP 2

挿し木にする枝を植物活性剤に30分つけ、さす前に発根促進剤をつけます。

STEP 3

水はけのよい用土に穴をあけて、さします。

STEP 4

しっかり根づき、ひとまわり大きくなったら栄養のある土に植え替えます。

挿し芽

葉茎の先を切って土に挿してふやす方法です。ちょっとの手間で成功率がぐんとアップします。

STEP 1

葉を5～6枚つけてカットした茎を植物活性剤に1週間つけて発根させます。

STEP 2

発根促進剤を土に埋まる部分につけます。

STEP 3

割りばしで穴をあけながら、2を土にさします。

STEP 4

挿し芽ができました。挿し芽をしたあともしばらく、水やりのときに活性剤を与えます。

株分け

宿根草や多年草は毎年株が大きくなります。生育場所が狭くなり、病害虫も発生しやすくなるため、植え替えと同時に株も分けます。

STEP 1

地上部が枯れてから葉茎を地際で切り、スコップで株を掘り上げます。

STEP 2

ハサミで株に切れ目を入れます。

STEP 3

切れ目を入れたら手で株を分けます。

STEP 4

分けた株は以前と同じ用土に植え、根づくまでは強い日当たりや風雨から守ります。

分球

球根が大きく肥大した場合に掘り上げて分けることをいいます。自然に分かれるものと人工的に分けるものがあります。

STEP 1

株元のまわりから移植ゴテをさし込み、球根を掘り上げます。

STEP 2

子球ができていたので、これを分球します。

STEP 3

無理のない程度の力加減で球根を分けます。

STEP 4

3つに分けました。別の場所に植え替えるか、しばらく鉢で育ててから地植えします。

【 植物の手入れ法 】

病害虫のサイン

Sign of a pest

病気や害虫被害にかかったときは、花や葉などにサインが現れるものです。万が一、病気になったり害虫が発生してしまったりしたときは、早期発見、早期治療を心がけましょう。水やりや日々の手入れをしながら、日頃から様子を観察しておくことが大切です。

庭や鉢に持ち込まないように

病害虫が入り込む機会はいくつかあります。まず、苗や用土からの侵入です。新しく苗を購入するときは、葉の裏など見えにくいところまで病気がないか、害虫が潜んでいないか、卵がついていないかをよく確認することが大切です。ひょろひょろしていたり色が薄かったりなど元気のない苗も避けましょう。

コンテナや鉢で植物を育てている場合は、地面に直接置くと、そこから害虫が入り込んでくることも考えられます。コンテナや鉢の下にはレンガを置くなどして、空間を空けておきましょう。

庭土の場合は、次の植えつけ前に土をよく耕し、根やゴミを取り除きます。新たに新しい土を加えて改良にその部分を取り除きましょう。被害が少ないうちなら、薬剤を使わずに済みます。病気になったもの同じ病害虫でも植物によって異なる薬剤を使用することもあります。薬剤散布は隣家への影響も考慮して行いましょう。

土の再利用も要注意

植物を植え替える際、元の土を再度使う場合も注意が必要です。土や赤玉土などを加えて混ぜます。消毒後は必要に応じて、腐葉土や赤玉土などを加えて混ぜます。植える植物の株間は大きくとり、枝や葉が混み合わないようにします。茂って混み合ってきたときは剪定を。終わった花、枯れた葉などはすぐに取り除いておきます。

見つけたらすぐ対処

害虫や病気を見つけたら、すぐにその部分を取り除きましょう。被害が少ないうちなら、薬剤を使わずに済みます。完全に取り除く場合は、株ごと抜き、処分します。被害が進んで薬剤を使わざるを得ない場合は、適切に薬剤を選びます。同じ病害虫でも植物によって異なる薬剤を使用することもあります。薬剤散布は隣家への影響も考慮して行いましょう。

こんなところに気をつけて

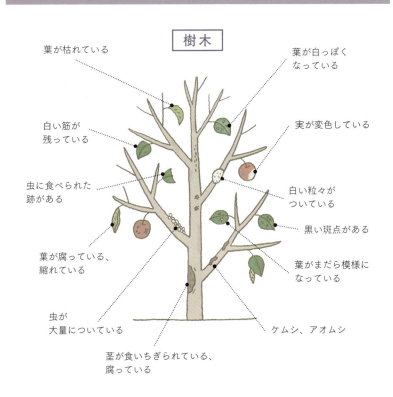

樹木
- 葉が枯れている
- 葉が白っぽくなっている
- 白い筋が残っている
- 実が変色している
- 虫に食べられた跡がある
- 白い粒々がついている
- 黒い斑点がある
- 葉が腐っている、縮れている
- 葉がまだら模様になっている
- 虫が大量についている
- 茎が食いちぎられている、腐っている
- ケムシ、アオムシ

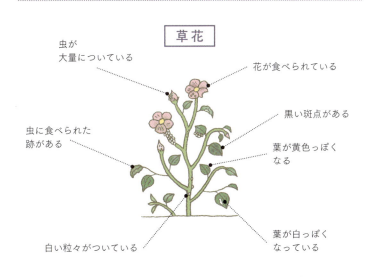

草花
- 虫が大量についている
- 花が食べられている
- 黒い斑点がある
- 虫に食べられた跡がある
- 葉が黄色っぽくなる
- 葉が白っぽくなっている
- 白い粒々がついている

【 植物の手入れ法 】

病害虫対策

Pest measures

庭で発生しやすい害虫と病気をまとめました。それぞれの虫、病気に応じて適切な対応をとるようにしましょう。

主な害虫と対策

害虫名	発生しやすい時期	症状	対策	有効な主な薬剤
アブラムシ	春、秋	新芽や葉茎に群生し、汁を吸う。ウイルス病の媒介となる。	葉の裏や茎などをこまめにチェックし、発見したら取り除く。	オルトラン、スミチオン
カイガラムシ	通年	白や黒の粒状の虫がつき、汁を吸い、植物を弱らせる。	歯ブラシなどでこすり取る。	アクテリック
ケムシ・アオムシ	春〜秋	葉や花を食害する。皮膚に触れるとかぶれることも。	見つけたら捕殺する。	スミチオン、ベニカ
ナメクジ	通年	葉や花を食害する。	見つけたら捕殺する。ビールに集まるので近くに置いておく。	ナメトックス
ハダニ	春〜秋	葉の裏につき、汁を吸う。葉が白くかすれたようになる。	乾燥すると発生しやすいので、葉裏にも水をかける。	テルスター、ベニカ
ヨトウムシ	春〜秋	花、つぼみ、葉を食害する。	夜間に活動しているところを捕殺する。	スミチオン、オルトラン

主な病気と対策

病気名	発生しやすい時期	症状	対策	有効な主な薬剤
ウドンコ病	春〜秋	葉や茎にウドン粉のような白いカビが生える。	風通しをよくする。油かすなど窒素肥料のやりすぎに注意。	カリグリーン、ベンレート
すす病	通年	葉の裏に黒いカビが発生してすすのようになる。	アブラムシやカイガラムシなどの害虫を予防する。	スミチオン、オルトラン、アクテリック
立ち枯れ病	春〜秋	下葉から黄色く枯れてきて、やがて枯死する。	株ごと抜いて処分する。	ベンレート
軟腐病	夏	細菌により根元が腐り、異臭を放つ。	水はけ、風通しをよくする。発病後は用土ごと処分する。	ストマイ液剤（予防）
灰色カビ病	春、秋	花、葉、茎に灰色のカビが生える。	病気になった部分を取り除く。窒素肥料のやりすぎに注意。	カリグリーン、ベンレート
モザイク病	春〜秋	葉にまだら模様ができたり縮れたようになる。	発病した株は処分し、媒介となるアブラムシを駆除、予防。	効果のある薬剤はなし

COLUMN

\ 西尾流 /
「雑草」の生かし方

庭仕事でいちばん厄介なのが雑草とり。雑草は目の敵のように思われますが、うまく共存している庭もあります。建築家の西尾春美さんの自庭もその一つ。雑草とうまく暮らすコツを教えてもらいました。

1 自然に生えてくる山野草を生かす

雑草だと思っていたものでも、実は山野草として名前があり、よく見ると花などかわいいものもたくさんあります。群生したときの光景が美しいものも。じゃま者扱いせず、山野草として育ててみては？

庭に自然に生えたシソ科のキランソウ。紫の花がスミレみたいでかわいい姿です。

ハエドクソウ科のムラサキサギゴケ。花が鷺（さぎ）に似ていることから名づけられました。

2 グラウンドカバーにしてみる

雑草でも、地面を覆い尽くすほど広がってみると、それは立派なグラウンドカバー。日陰に強く繁殖力の旺盛なものもあり、便利です。

キョウチクトウ科のヒメツルニチニチソウ。日陰に強く、斑入りのものもあります。

クローバー（マメ科・別名シロツメクサ）は繁殖力が強く、他の雑草防止にもなります。

3 スゲ属の植物の利用法

スゲ属の植物は木の根元に根をおろし、形よい姿をつくるので、残しておきます。ふえすぎたときは抜きます。坂や段になっているところに生えたものは土留めにもなり、見た目にも美しいものです。

細長い葉が美しいスゲ属の植物。穂から種を飛ばすので、穂になる前に刈り取ります。

4 「種捨てガーデン」と「苗床」

こぼれ種から芽吹いたものなど、何かわからないものは日陰のデッドスペースに。すぐに植えられない苗は「苗床」をつくっておくと、しばらく忘れていても丈夫に育ってくれます。

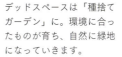

デッドスペースは「種捨てガーデン」に。環境に合ったものが育ち、自然に緑地になっていきます。

宿根草の種をまいたり、挿し木苗をつくったりしている苗床。大きくなったものから庭に地植えします。

取材協力

野草の庭・茶庭づくり 風（ふわり）
東京都練馬区大泉学園町6-17-12
Maison flure 207
Tel.03-6310-2820
http://28fuwari.com

熊澤安子建築設計室
東京都杉並区宮前3-17-10
Tel.03-3247-6017
http://www.yasukokumazawa.com

草花屋　苔丸
神奈川県鎌倉市鎌倉山2-15-9
Tel.0467-31-5174
http://www.kokemaru.net

グリーンコテージガーデン
http://www.gcgarden.com

GARDEN SHED
（セレクトショップ＆コテージ）
山梨県南都留郡山中湖村平野707-5
Tel.0555-65-9261
http://www.garden-shed.jp

有限会社仲田種苗園
Tel.0247-26-7880
http://www.eco-plants.net/

NPO法人 Green Works
三浦香澄

赤地みさゑ
高橋敦子
宅間美津子

STAFF

撮影	c.h.lee(Owl Co.,Ltd.)
カバーデザイン	Yoshi-des.
ブックデザイン・DTP	吉村 亮、眞柄花穂、大橋千恵(Yoshi-des.)
図版・イラスト	大沢うめ、はやしゆうこ
執筆	岡田稔子
企画編集	朝日新聞出版 生活・文化編集部（森 香織）
構成・編集協力	東村直美（やなか事務所）、岡田稔子

アサヒ園芸BOOK

どんなスペースもアイデア次第！
小さな庭のつくり方

編　著	朝日新聞出版
発行者	今田俊
発行所	朝日新聞出版
	〒104-8011　東京都中央区築地5-3-2
	電話　（03）5541-8996（編集）
	（03）5540-7793（販売）
印刷所	中央精版印刷株式会社

© 2016 Asahi Shimbun Publications Inc.
Published in Japan by Asahi Shimbun Publications Inc.
ISBN 978-4-02-333076-4

定価はカバーに表示してあります。
落丁・乱丁の場合は弊社業務部（電話03-5540-7800）へご連絡ください。
送料弊社負担にてお取り替えいたします。

本書および本書の付属物を無断で複写、複製（コピー）、引用することは
著作権法上での例外を除き禁じられています。また代行業者等の第三者に依頼して
スキャンやデジタル化することは、たとえ個人や家庭内の利用であっても一切認められておりません。

BOOK IN BOOK

GROUP PLANTING and HANGING

寄せ植え&ハンギングBOOK

寄せ植えやハンギングは、小さな庭ならなおさら、アクセントになりますし、庭を構成する一部として重要な働きをします。庭で寄せ植えやハンギングをもっと楽しめるよう、達人たちのノウハウを紹介します。

ハンギング

庭の景色にすっかりとけ込んでいる達人たちの寄せ植えやハンギング。庭での効果的な使い方を見せてもらいましょう。

作業スペースも飾り場所に使えます

ガーデニングの作業スペースを寄せ植えとハンギングの飾り場所にしています。雑然としがちな作業スペースですが、植物を飾ることで見た目にもすっきりし、使ったものもすぐに片づけたくなります。並んでいる鉢ものはほとんどが植物のケアでカットしたものを挿し木、挿し芽にしたもの。ある程度育つと、寄せ植えやハンギングに使います。

▲ 使用している主な植物

アフリカンアイズ、クリーピングタイム、ビオラ（ブラック）、クリスマスローズ、ミセバヤ、多肉植物の寄せ植え

花畑のようなカラーリーフの世界

庭の一角に寄せ植えとハンギングを集めたコーナーがあります。ここにはあえて華やかな花は入れず、色とりどりのカラーリーフを使い、まるで花畑のような光景になっています。ウッドフェンスにハンギングバスケットをかけ、植物を立体的に配置しています。時間や季節によって条件が悪くなるときには、条件のよい位置に鉢を移動します。

▲ 使用している主な植物

ホスタ エルニーニョ、ホスタ ファイヤーアイランド、ティアレア ウィリー、ヒューケラ パレスパープル、クリスマスローズ、クレマチスなど

GROUP PLANTING and HANGING
庭に映える寄せ植え&

樹木も寄せ植えにして
小さな雑木林に

樹木も寄せ植えで十分に楽しめます。落葉樹を植えれば、そこは小さな雑木林。春の新緑も夏の木陰も、紅葉も味わえます。大きめの鉢に植えれば、樹木もその分大きく育ちます。大きな鉢は移動が大変ですから、キャスター付きの鉢台にのせています。台風などの荒天時にはこれで楽に避難させています。

> ▲ 使用している主な植物

シルバープリペット、ビバーナム、ロシアンオリーブ、ギンヨウアカシア プルプレア、ユーカリ ポポラス、セイヨウニンジンボク

殺風景な階段や壁も
彩り豊かに

階段もそのままでは味気ないもの。ここも寄せ植えの絶好の見せ場です。下に置いた鉢も、階段を上りながらなら、間近に楽しむことができます。ハンギングの金具を取りつけにくい場所ですが、段差によって立体感のある緑の空間を展開できました。

> ▲ 使用している主な植物

クリスマスローズ、ヒューケラ キャラメル、ティアレラ ピンクスカイロケット、バイモ

By Misae akachi

① ミツバシモツケ
② クロバナフウロ
③ ティアレア ウィリー
④ ジョンソンズブルー
⑤ ヤマアジサイ カラツ
⑥ ミツデイワハナガサ
⑦ フウチソウ
⑧ トリフォリューム
⑨ チョコレートコスモス
⑩ 斑入りアケビ

用意するもの

上記の苗、鉢、鉢底ネット、鉢底石、培養土、ハイゴケ

多年草が中心の寄せ植え。長くこの姿が続きます。

はじめての寄せ植えは、培養土で手軽に！

森の木陰を切り取ったかのような寄せ植えは、樹木の足元に山野草があるような庭に置いてもよくなじみます。寄せ植えに使う用土は、初心者なら市販の培養土がおすすめです。あらかじめ肥料は配合されていますが、植えつけのときに化成肥料を与えておくとよいでしょう（肥料については本誌p.114参照）。ポットから出した苗は、一般には肩の部分と根の先をほぐして植えつけます。ただ、花が咲いている時期、夏に向けて生長する時期、根が傷んでいるときはほぐさずに植えます。

寄せ植えをつくる

01

ニュアンスのある草花で

華美ではないけれどナチュラルでニュアンスのある植物を使った寄せ植えをしてみましょう。

1 鉢底穴を十分覆うくらいの大きさにネットをカットして敷きます。

2 鉢底石（軽石）を底面が隠れる程度入れます。

3 鉢に土を入れます。植えながら少し足すので、やや少なめに入れます。今回は草花・球根用の培養土を使いました。

4 植え込む前に、ポットごと土にのせて植える位置を確認しておきます。

5 鉢の奥に高さのあるもの、手前には垂れる植物を配置するとよいでしょう。

6 奥に植える苗からポットから出し、土の上に置いて、土をかけながら表面をならしていきます。

7 ポットから出した苗は、根を傷めないようにしながら植えていきます。

8 ひととおり植え込みが終わったらすき間にも土を入れ、たっぷり水やりをします。

9 苗の根元に化成肥料をまきます。これから葉が旺盛に伸び、花を咲かせるので窒素とリン酸が多めの肥料にしました。

10 土の表面にハイゴケを置いていきます。

11 ハイゴケを指先で押し込むようにします。

12 もう一度たっぷり水やりをします。

① ロケット(ルッコラ)
② チャービル
③ チャイブ
④ 赤バジル
⑤ スイートラベンダー
⑥ イタリアンパセリ
⑦ ボリジ
⑧ カラシナ
⑨ スイートバジル

用意するもの

上記の苗、鉢、鉢底ネット、鉢底石、培養土

花もサラダに入れて食べられます。

食べる楽しみ、生長を待つ楽しみのくり返し

すらりと伸びるロケットの姿がポイントになっている寄せ植え。次に大きいボリジはふくらみのある葉をもち、脇をしっかりかためます。赤バジルがキリッと全体の引き締め役に。背の高いハーブの足元を表情豊かな葉ものたちが覆いつくします。

見るだけでも十分美しい植物たちですが、これらはすべて食べられます。摘んで食べればそれが「切り戻し」効果を果たし、またどんどん葉をつけます。食べる、生長を待つ、のくり返しで、楽しみが倍になるオツな寄せ植えです。

寄せ植えをつくる **02**

ハーブを使って

ハーブを使った寄せ植えをしてみましょう。
見ても食べても楽しめます。

1 高さのある植物を使うため、鉢に土を入れる前にシミュレーションをします。

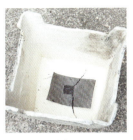

2 鉢に鉢底ネットを入れます。

3 鉢底石を入れます。

4 培養土を鉢の半分くらいまで入れます。

5 苗は背の高いものから入れます。まずはロケットから。あまり根はさわらず、肩の部分の土を軽く落とします。

6 ロケットを鉢の角に入れます。

7 苗が細いので安定させるため、残りの培養土を軽くかけておきます。

8 次に背の高いボリジを鉢に入れます。

9 続いて赤バジル、スイートラベンダーを入れます。背の高い植物が終わったら、土をかけます。

10 背の高いものの足元になるものを入れます。イタリアンパセリは根がびっしりかたまっているため、少しほぐします。

11 スイートラベンダーの足元に入れます。続いて地面を覆うように残りの植物を入れます。

12 最後に土をかけ、たっぷり水やりをします。

野菜の中にチョコレートコスモスで動きを出して。

用意するもの

上記の苗、鉢、鉢底ネット、鉢底石、培養土

① ロケット（ルッコラ）
② カラシナ
③ セロリ
④ オレガノ ケントビューティー
⑤ チョコレートコスモス
⑥ ラベンダー ブルーセントアーリー
⑦ スイートバジル

緑のグラデーションとチョコレートコスモスの存在感が魅力

セロリを中心とした寄せ植えです。野菜というと緑に偏ってしまいがちなので、白〜ライトグリーンのオレガノで軽さを出しています。ロケットの白い花もポイントに。ラベンダーのブルーからカラシナの濃いグリーン、セロリの葉、バジル、オレガノと続くグリーンのグラデーションがこの寄せ植えに安定感を与えています。全体の引き締め役となっているのがチョコレートコスモス。のびやかな茎とその先についている小花やつぼみが、軽快さ、「楽しい野菜畑」感を出しています。

寄せ植えをつくる

03

野菜を使って

野菜の寄せ植えもおしゃれな寄せ植えにまとめると、家庭菜園よりも身近な存在に。

1 土を入れる前に苗を置いて構想を練りましょう。鉢底ネットを入れてスタートです。

2 鉢底石（軽石）を入れます。

3 培養土を鉢の高さの3分の1くらい入れます。

4 セロリの根を崩します。

5 鉢の中央にセロリを入れます。

6 セロリのまわりにオレガノ、ロケットの順に入れます。これらは根を崩さずに入れます。

7 鉢の隅にチョコレートコスモスを入れます。

8 ラベンダー、カラシナを入れます。

9 最後にスイートバジルを入れて、足元を引き締めます。

By Koji Kusunoki

① ハゼノキ
② リンドウ
③ センブリ
④ ヒメギボウシ
⑤ ヒメタデ
⑥ チシマハナラッキョウ

用意するもの

上記の苗、鉢、鉢底ネット、盆栽用針金、培養土、ハイゴケ

リンドウの花のブルーと黄葉を際立たせるハゼノキの紅葉。

来年の姿も想像しながら、目の前の鉢を愛でる

季節感あふれる山野草を使った草盆栽ともいえる寄せ植えです。ハゼノキが紅葉し、リンドウの葉も黄色に変わっています。そして、秋に小さな花をつける植物たちが足元をかためます。土の面にはハイゴケを敷きつめることで、風情がアップし、乾燥防止にもなります。やがて花はなくなりますが、管理を続けることで、また1年後、それぞれが少し大きくなって同じ光景を見せてくれるはずです。冬の間、水は切らさない程度に。霜がおりる地域では霜よけもしておきましょう。

寄せ植えをつくる **04**

山野草を使って

いながらにして山の紅葉を味わえる寄せ植えです。
寄せ植えも小さな庭。季節をぎゅっと詰め込んでみましょう。

1 盆栽用針金を約8cmにカットしてUの字にし、鉢底ネットに写真のように通します。

2 鉢底の穴に通し、裏側でそれぞれの針金をU字に曲げ、固定します。すべての鉢底穴にネットを固定します。

3 ハゼノキを使う分だけカットします。

4 根はあまりさわらないように、土を少し落とします。

5 同様に鉢に入れるすべての植物も、ついていた土を少し落とします。

6 鉢に培養土を少し入れ、いちばん背の高いものから順に鉢に入れていきます。

7 苗を入れながら、少しずつ土もかけておきます。

8 背の低い苗を、足元を埋めるように入れていきます。

9 すべての苗を入れたら、ハイゴケを土の部分にのせ、たっぷり水やりをします。

By Mitsuko Takuma

① 斑入りシマトネリコ
② ユーフォルビア ブラックバード
③ セキショウラン
④ アメリカンシモツケ ディアボロ
⑤ ヒューケラ
⑥ ユーフォルビア 白雪姫
⑦ ビオラ たんたん
⑧ 紫キャベツ
⑨ ブラッククローバー
⑩ コバノランタナ
⑪ ユーフォルビア シルバースワン
⑫ ロフォミルタス
⑬ クリスマスローズ フェチダス
⑭ チョコレートコスモス
⑮ ユーパトリューム チョコレート
⑯ シラー シベリカ(球根)
⑰ ムスカリ
　 ホワイトマジック(球根)
⑱ ツリガネソウ(球根)

用意するもの

上記の苗、球根、鉢、鉢底ネット、鉢底石、培養土、根腐れ防止剤、防虫剤、くん炭、化成肥料、植物活性剤

表情豊かなリーフ類からのぞく花がとても可憐。

花が咲くころの様子を思い浮かべながら植えつける

寄せ植えの中に入れにくいと思われがちなのが球根植物です。確かに花が咲いたときの様子を想像しながら植えつけるのは難しいかもしれませんが、その分、想像どおりに、はたまた予想外に生長し、花を咲かせたときの喜びが大きいものです。球根植物だけでなく、そのころ、一緒に植えている植物がどのように変化しているかも考えてみましょう。山が近いベランダでの栽培のため、ここでは土づくりを工夫していますが、培養土に化成肥料を混ぜるだけでも大丈夫です。

寄せ植えをつくる

05 球根植物を使って

球根植物は、植え込みのときは花がないので、想像しながら植えます。

1 培養土に根腐れ防止材、防虫剤、くん炭、化成肥料を入れ、よく混ぜます。

2 鉢(ここではアンティークの洗面器を利用)に鉢底ネットを置きます。

3 鉢に鉢底石を入れ、ブレンドした土を入れます。

4 いちばん背の高い斑入りシマトネリコを鉢の奥に入れます。

5 シマトネリコの横にクリスマスローズ、ユーフォルビアを入れます。

6 チョコレートコスモスを入れ、その前に背の低い苗を入れていきます。

7 鉢の手前側に球根を植えます。大きい球根を植えて土をかけ、その上に小さな球根を入れます。

8 球根を植えたところを覆うようにブラッククローバーを入れます。

9 正面手前側にビオラ たんたん、紫キャベツを植え、最後に植物活性剤を溶かした水をたっぷりかけます。

① リプサリス　ネベスアルモンディー
② 白雪ミセバヤ
③ 月兎耳（ツキトジ）
④ グリーンネックレス
⑤ エケベリア
⑥ コクリュウ
⑦ セダム　フクリンマンネングサ
⑧ 若緑
⑨ 雅楽の舞
⑩ 福娘
⑪ 火祭

用意するもの

上記の苗、鉢、鉢底石、培養土、鹿沼土またはパーライト、水苔、発根剤、根腐れ防止剤、ワイヤー（太め、細め）

By Mitsuko Takuma

丸みをおびたものと直線的なものをうまく組み合わせて躍動感のある寄せ植えに。

いろいろな形、色の多肉植物を一堂に会して

高さのある鉢を生かして、鉢の深さ分の高さに仕立て、前面に垂れて育つものを入れました。多肉植物の形の多様性を一度に楽しめる一鉢となりました。グリーン系の色の中で、コクリュウのブラックがアクセントになっています。各多肉植物をそのまま鉢に入れても構いませんが、発根剤をつけたり、水苔を巻いたりすることで、より生き生きと長く楽しませてもらえるでしょう。水はやりすぎないのがコツです。表面が乾いたら、鉢底から水があふれるくらいあげます。

寄せ植えをつくる

06

多肉植物を使って

手間がかからず、形がユニークな多肉植物。個性あふれる寄せ植えをつくってみましょう。

1　鉢に鉢底石を3～5cm入れます。

2　培養土に鹿沼土またはパーライトと根腐れ防止剤をひと握り入れ、よく混ぜます。

3　鉢の七分めまでブレンドした土を入れます。

4　リプサリスについている土を落とします。

5　リプサリスの根を水につけておいた水苔で巻き、その上から太めのワイヤーを巻きつけます。

6　かなりきつく巻いても大丈夫です。

7　この状態で鉢に入れます。こうすることで傷んだときにそのままさっと抜き取ることができます。

8　同様にしてほかの多肉植物も鉢に入れます。アクセントになるコクリュウを入れます。

9　白雪ミセバヤは発根剤をつけた水苔で巻いて鉢に入れます。

10　続いて多肉植物を入れ、最後に入れる垂れ下がるグリーンネックレスには根に直接発根剤をつけます。

11　鉢に入れてみて量が多かった場合は株分けをして、切ったところにも発根剤をつけます。

12　細いワイヤーをU字形にして、グリーンネックレスを留めつけます。空いているところに水苔を詰めます。

寄せ植えテクニック **01**

環境の好みが同じものを

見た目だけで植物を選びたくなりますが、同じ環境を好むものでないと手入れが大変でうまく育たないことも。

日なたを好む植物

たくさん花をつけるような植物は、日当たりが悪いと花の数が減ってしまいます。花期の間中、ぞんぶんに太陽に当てたいものです。そこに太陽の光が苦手なものが混じると、その植物だけは元気がなくなってしまい、寄せ植え全体の雰囲気も変わってしまいます。お日様好きな植物同士を組み合わせてあげましょう。

強い日ざしを嫌う植物

強い日ざしを嫌うと一口に言っても、弱い日ざしを好むもの、半日くらい日に当たればよいもの、ほとんど日の当たらないところを好むものなどいろいろです。環境に合わないときは鉢を移動してみますが、特性が異なっていると、移動した先でもうまく育たないことも。購入前によく調べておきましょう。

湿り気を好む植物

ジメジメしたところは嫌われがちですが、そんな場所を緑の空間に変えてくれるのが、湿り気を好む植物たち。こんな場所でというところでも驚くほど生き生き育ちます。日陰＝ジメジメのイメージですが、同じ日陰でも風の通り道になっているところでは乾燥しがちに。鉢を置く前に、環境をよく調べておきましょう。

乾燥を好む植物

一つの鉢の中の植物で、ここにはたくさん水をあげるけれど、ここにはあげないようにするというのは不可能に近いことです。たっぷり水をもらうと根腐れしてしまう植物もあります。この場合、使用する土の性質も違ったものになります。正反対の性質の植物を一緒に植え込むことは避けましょう。

寄せ植えテクニック **02**

デザインをイメージして

センスよくまとめたいなら、ある程度のイメージをもって
つくり始めるとよいでしょう。

丸くこんもりと

全体に丸く大きくなるよう
苗は均等に配置する

小さな花や葉がこんもりと丸く茂っているのはなんともキュートです。鉢に入れる何種類かの植物が均等に大きくなっていくように、苗は中央と隅に均等に配置するとよいでしょう。植えつける鉢を丸形や楕円形のものにすると、こんもりと大きくなりやすいです。

高低差をつける

縦のラインによって
ダイナミックな動きを感じさせる

同じ鉢の中に草丈の高い植物と低い植物が入っていると、草丈の高い植物の茎が縦のラインを強調し、ダイナミックな動きを感じさせます。まるでその方向に今も伸びているような気持ちにさえなるほど。簡単な手法ですが、これでぐんと植物たちの力を際立てます。

鉢まわりを意識する

鉢まわりはキャンバスの一部
植物の描く絵を楽しみに

鉢まわりもまたキャンバスの一部です。鉢の上だけで展開されるデザインに比べて、より躍動感を感じます。鉢が背の高いもの、鉢まわりが大きいものなら、そのまわりを装飾するような植物を。植物の伸びる力が筆となって絵を描くことでしょう。

寄せ植えテクニック **03**

カラーコーディネートを考えて

花や葉の色合わせも慣れてくるとおもしろく、冒険したくなりますが、まずはセオリーどおりにやってみましょう。

反対色を使って

By Tomomi Horikoshi

明るい色を使ってみたいときは反対色の組み合わせがおすすめです。赤と緑、黄色と紫などインパクトもメリハリもあります。ただ、さじ加減が必要。主役と脇役を決め、脇役が主役を上まわるボリュームを持たないよう注意しましょう。

同系色で

By Tomomi Horikoshi

1色だけでは変化のない鉢になってしまいます。多くの色を使う自信がないときは同系色の色を組み合わせてみましょう。花だけでなく、葉も同系色のものでまとめてみると、やさしい雰囲気になり、失敗がありません。

白い花を使って

By Mitsuko Takuma

白が少なめ

白が少ないときは、それがアクセントになります。緑色をくっきり見せる働きもあります。白を少なめにするときは、白い小さな花を持つものを使ったり、斑入りの葉の植物を使ったりすると量を調節しやすいでしょう。

By Mitsuko Takuma

白が多め

白い色は色と色をつなぐ働きをしています。白い色の面積を多めにすると清楚な感じが強くなり、ちょっとした遊び心を持った花や葉も悪目立ちさせず、使いやすくなります。白ばかりでまとめる鉢も魅力的です。

寄せ植えテクニック **04**

カラーリーフを使って

最近ではカラーリーフの種類がぐんと増え、花と見間違えるようなものも。上手に利用しましょう。

色や模様がアクセントに

カラーリーフの色や模様はますます多種多様になっています。はっとするようなもの、おもしろくて何度も見てしまうようなものなどいろいろです。もはや、花を一切使わずとも、カラーリーフだけで華やかなコーディネートも可能に。

By Mitsuko Takuma

動きを与える

きりっとしたラインを持ち、色が浮き出るような葉の植物は、鉢のある風景に動きを与えてくれます。植え込みをしていて何かまとまらないなというときは、このような植物を1種入れるだけで、急に画面が動き出すような錯覚に陥るでしょう。

By Mitsuko Takuma

カラーリーフのいろいろ

ヒューケラ
ライムリッキー

カレックス
ジェネキー

フィカスプミラ

シルバーレース

斑入りニチニチソウ

アカバセンニチコウ

コリウス

コリウス

寄せ植えテクニック 05

日々の手入れ

狭い世界だからこそ、こまめな手入れが必要です。
手入れついでに鉢の健康観察もしておきましょう。

花がら摘み

咲き終わった花はこまめに摘み取ります。そのままにしていると種ができ、そこに養分が使われて花があまり咲かなくなったり、病害虫が発生しやすくなります。手かハサミでどんどん取り除きましょう。

切り戻し

決まった囲みがある分、茎や葉が伸びるのが目立ちます。伸びすぎてきたときは思い切ってハサミで切ります。葉のついた節を数節残しておけば、そこからさらに旺盛に伸びてきます。

鉢の移動

荒天前や強すぎる日ざし、霜よけなどのために鉢移動が必要になることもあります。大きな鉢には移動に便利なキャスターをつけておくといいでしょう。

施肥・病害虫対策

たくさんの花を咲かせるものは、花の咲く直前と咲き始めてから1週間〜10日に1回は液肥を。水やりの水で希釈して水やりと同様に与えます。

病気や害虫を見つけたらすぐに対処を。早いうちならその場所や虫を取り除くだけで済みますが、遅れると被害箇所を処分し、薬剤使用が必要になることも。

寄せ植えテクニック **06** | # 鉢のリニューアル
つくった鉢は時間がたつと姿を変え、一年草は入れ替えが必要に。そんなときはリニューアルをしてみましょう。

プチリニューアル

Before

After

By Mitsuko Takuma

1 夏の間の主役だったペチュニアが枯れたものを抜いたままになっていた鉢。残っているペチュニアの根を取り除きます。

2 抜いた穴を中心に、まだ植物が残っているところの根元にも化成肥料をかけます。

3 穴に防虫剤をまきます。

4 続いて根腐れ防止剤を入れ、周辺の土をよく混ぜます。

5 新しく入れるのはリトルスモーキーとビオラ。まず、リトルスモーキーを入れます。

6 ビオラを入れます。

7 新しく植え込んだ部分に、上から土を入れます。

8 伸びすぎていたラミュームをカットします。カットしたものは挿し芽で、次の寄せ植え用に増やします。

フルリニューアル

Before

After

By Mitsuko Takuma

1 何年も経過して宿根草も弱ってきたので一度すべてを解体します。すべての植物を土ごと鉢から出します。

2 ハンドフォークを使って、植物をそれぞれ切り離します。

3 大きくなったベロニカはもう一度使います。新芽が出やすいよう、根と葉も大部分を落とします。

4 右は古い鉢から引き続き使うもの。左のかごに入っているものが新しくつけ加えるものです。

5 鉢に培養土を入れ、背の高い植物から鉢に入れていきます。

6 明るい色のカラーリーフを加え、前とはイメージチェンジをしました。

7 前からの植物には、根に発根促進剤をつけて植え込みます。

8 冬の間の主役となるカルーナは、根がびっしりまわっていたので、植物活性剤にしばらくつけたあと、根をカットします。

9 仕上げに下へ垂れるヘデラを加え、植物の間から土を入れていきます。

Column 1

鉢で印象が変わります

同じ植物でも、植える鉢によってまったく印象が変わります。
お気に入りを見つけておきたいものです。

SELECTION

古いもの、鉢とは縁遠いものでも、使う人のセンスによって
ほかにない素敵な鉢に変身します。

上・左から：元は給食用米とぎザル／アンティークな空き缶で／古い銅の鍋を鉢に／古いブリキのバケツに／保健室にあるような古い洗面器とスタンド／下・左から：ひしゃく／廃材／アンティークザル

LET'S TRY!

まわりにあるものも鉢に利用できます。あとはあなたのセンスで雰囲気をつくってみましょう。

缶に底穴をあける

1. 空き缶、クギ、ハンマーを用意します。

2. クギを缶の底に当ててハンマーでたたき、穴をあけます。

3. 鉢底には複数の穴をあけましょう。

鉢にペイントする

1. 素焼きの鉢、軍手、ペンキ、ハケを用意します。

2. 底、側面の順にペンキを塗ります。

3. 鉢の内側は土から出る部分を塗ります。サンドペーパーでこすれば使い古した味わいに。

① コリウス（グリーン）
② ロニセラゴールデンハニーサックル
③ フェアリースター
④ コリウス（黒）
⑤ ダークベルクデイジー
⑥ ペチュニア

用意するもの

上記の苗、スリットバスケット、鉢底石、培養土、水苔、バスケットを置く台

By Atsuko Tak…

明るく元気が出るような色の組み合わせ。カラーリーフもいい味つけをしています。

苗を植え込む前に向きをよく確認しておく

こんもりと丸く仕立てるのに適しているスリットバスケットを使います。植え込む前に添付されているスポンジを内側に貼りつけておきます。スリットバスケットに植え込む前に、配置をしっかり考えておきましょう。何段も重ねていくため、あとから修正はできません。スリットに差し込むときに、苗をくるくるとまわして、どの向きが美しいかをよく考えましょう。植え込んで1週間から10日くらいたつと花が上向きになってきて、バランスがよくなります。

ハンギング
バスケットをつくる

01

スリットバスケットに植える

スリット（切り込み）式のバスケットに季節を彩る明るい花を植えていきます。

1 苗を、鉢に入れるとおりに置いてみます。

2 鉢底石を3cmくらいの高さまで入れ、スリットの終わるところあたりまで土を入れます。

3 苗をポットから出し、肩と根の下の部分をほぐし、3分の1くらいまで細くします。

4 重心を決めるため、1段下の真ん中のスリットをつまんで広げ、苗を入れます。

5 いちばん下まで苗を入れます。

6 同様にして隣のスリットに次の苗を入れます。右でも左でもやりやすいほうに入れればOKです。

7 1列めの植物がすべて入ったところです。

8 1列めの苗の上にまんべんなく平らに土を入れていきます。

9 2列めの植物がすべて入ったところ。だんだんこんもりとしてきました。

10 2列めの苗の上に土を入れます。ほぼ鉢いっぱいに土が入ります。

11 3段め（天部）の苗を、全体が丸くなるように入れていきます。遠くからも見て、形を調整し、土を入れます。

12 水に浸しておいた水苔を軽くしぼって、天部の表面に敷きつめていきます。

By Mitsuko Takuma

鉢からこぼれ落ちるかのような勢いのある動きに、見ている人も軽快な気分に。

用意するもの

上記の苗、鉢、鉢底ネット、パーライト、バーミキュライト、ピートモス、根腐れ防止剤、防虫剤、腐葉土、たい肥、水苔

① ヘリクリサム コルマ
② コプロスマ ビートソンズゴールド
③ ビオラ たんたん
④ グレコマ ライムミント
⑤ ゴールデン ハニーサックル
⑥ ニューヘデラ ホワイトベール
⑦ ビオラ わらく アプリコットティー
⑧ ビオラ わらく フレーバーティー
⑨ コロキア

設置場所に合う植物と鉢でイメージを形に

鉢の外側の細いアイアン部分に細い枝やつるがとてもマッチし、白いウッドフェンスに映える色遣いです。どこにかけるのかを考えて、鉢や植物を選びます。壁掛けバスケットをつくるときにまず考えたいのが、鉢全体の重さです。市販のハンギング用培養土を使うほか、ピートモスやバーミキュライトなどの軽い土を主体に選びましょう。日の当たる場所に合わせて、ときどき置き場所を変えるとよいでしょう。水やりは、水を入れた大きな器に鉢ごとつけ、全体にしっかり吸わせます。

ハンギング
バスケットをつくる

02

壁掛けバスケットに植える

半円形の壁掛けタイプのバスケットに植えてみます。
鉢が重くならないように注意しましょう。

1 鉢に鉢底ネットを入れます。

2 軽量のパーライトを3cmくらい入れます。

3 バーミキュライト、ピートモス、根腐れ防止剤、防虫剤、腐葉土、たい肥を入れてつくった土を苗の鉢の高さまで入れます。

4 背の高い苗を奥に入れます。

5 アクセントにするビオラを入れます。

6 土を少しずつ入れて、鉢全体をトントンと床にたたいて、土をならします。

7 色のポイントとなるゴールデンハニーサックルを入れます。

8 土を入れます。細かいところは割りばしの先を使って入れます。

9 土の部分に水苔を敷きつめます。

ハンギング
テクニック **01** | # ハンギングの鉢と苗
ハンギングに使われる鉢や苗のことを、
少し知っておきましょう。

バスケット

スリットタイプ

スリット(切り込み)があることで、側面から真下に伸びるように苗を配置でき、まん丸な姿にできる鉢です。スリット部分から土がこぼれないように、土を入れる前に付属のスポンジを貼っておく必要があります。

切り込みのないもの

つり下げることができれば、手持ちの鉢も使えます。ハンギング用として、つり下げる穴やフックをつけやすいネットがついている鉢も。写真はかごにやしの繊維が敷いてあり、土が流出しないようになっています。

苗

スリムにする方法

 ▶  ▶  ▶

スリットバスケットを使う場合には特に、植えるときに苗をスリムにしておくことが大切です。根を傷めないよう、少しずつ土を落としていき、土は最小限にして植え込みます。

ハンギング
テクニック **02** | # 苗の配置のし方
ハンギングバスケットをつくるときの苗の配置について
考えてみましょう。

**上段は
覆いの役割を**

上段にはふたとなる植物を。
立ち上がって育つものの、
それほど丈が高くならない
ものを。

配置を考えておく

特に修正のききにくいス
リットバスケットを使うと
きは、事前に配置をかため
ておきます。

**鉢ギリギリまで
深植えしない**

深植えをすると、株の根元
にある新芽が伸びにくく、
枯れてしまうことがありま
す。

**下段には
垂れ下がるものを**

鉢を隠すように下段には垂
れ下がる植物を植えます。

	1段め	ダークベルクデージー、フェアリースター、ハニーサックル、ペチュニア、コリウス(グリーン)
	2段め	コリウス、ペチュニア、ダークベルクデージー、コリウス(黒)
	3段め	ダークベルクデージー、フェアリースター、コリウス(グリーン)、ペチュニア、

ハンギング
テクニック **03** | # ハンギングにおすすめの植物
花がポイントになりやすいもの、葉が美しく特徴的なもの、
垂れて伸びるものなど、ハンギングに適した植物たちです。

ビオラ

パンジーの花径が小さいもの。彩り豊かでハンギングの差し色に使えます。

ペチュニア カプチーノ

春から秋まで咲く朝顔のような形の花。花の大きさや茂り方も様々です。

コツラバルバータ

別名ハナホタル。長く伸びた花茎の先に、菊の花の芯だけのような花を咲かせます。

シレネユニフローラ

釣り鐘のような白い花と斑入りの小さな花がアンティークな鉢によく似合います。

イベリス

小さな白い花がまとまってボールのようになります。毎年花を咲かせる宿根のものも。

カルーナ

繊細な印象ですが、常緑低木。背が高くならず横に伸びる性質を生かして、鉢の端に。

サルビア

花期が長く、存在感のある花ながら、他の花とも合わせやすく、重宝する花です。

ラグラスバニーテール

別名ウサギの尾。エノコログサと同じ仲間です。ふわふわの花穂で鉢にかわいらしさを。

ベニセタムファイヤーワークス

赤茶色の斑入りの細長い穂がきりっとした印象を与えます。初秋には穂をつけます。

ミセバヤ

垂れる多肉性の宿根草。葉がかわいらしく、秋には紅葉してピンクの花も咲きます。

ルビーネックレス

ぷっくりとした葉を垂れるように伸ばします。秋になると赤く色づきます。

セダム フクリマンネングサ

別名姫笹。パステルグリーンの細葉が魅力。5〜6月に黄色い小さな花をつけます。

ハンギング
テクニック **04**

鉢の飾り方

ハンギングをつくりたいけれど、つるし方がわからないと心配する声もあります。達人たちの例を見てみましょう。

フックをつけてかける

ウッドフェンスにねじで取りつけられるフックをつけています。フックの雰囲気で周囲も一変します。

柱にフックをクギで留めています。打ちつけられるところがあれば、この方法が頑丈で安心です。

タイルの壁に貼りつけ式のフックをつけています。鉢全体が軽いものならこの方法でも。

工夫してフックをつける

鉢裏のへこみにうまくフックを差し込んでいます。この鉢の場合なら、両側にも同様につけられ、強力に。

鉢についているフックではかけられないため、もう1種類のフックと組み合わせて取りつけています。

ラティスに針金を巻きつけ、そこにフックをかけ、鉢の持ち手をかけています。

棚をかけてその上にのせる

つり下げタイプを固定しにくいときは、棚を取りつけて、その上に鉢を並べる方法もあります。

ウォールポケット状のカゴを利用して、そこにやしの繊維を入れて植えつけています。省スペースに最適。

ラティスに直接鉢をつり下げるには奥行きが足りなかったので、花台をかけ、そこに鉢を置きました。

Column 2

使えるものはリサイクルしましょう

寄せ植えやハンギングの達人たちは、長く続けていくために
うまく材料をリサイクルしています。

草花
鉢のリニューアルで残った草花もよく手入れをすれば、
再び鉢の主役になることも。養生が大切です。

植え替える鉢の土に根腐れ防止剤、防虫剤、有機肥料を入れて、よく混ぜます。

新芽を残して小さくした株を30分ほど発根促進剤につけておき、鉢に植えます。

土
すべての土をそのまま使うことはできませんが、
よい状態のものはリサイクルをして使うことができます。

リニューアルをして残った土から根や石を取り除きます。

珪酸塩白土を加えて混ぜ、天気のよい日に太陽に当てます。真夏なら1週間くらいです。

表紙、p.2〜3の作品制作／Toshiko Hamano　Mitsuko Takuma　Tomomi Horikoshi